# 忍不了一点

### もし世の中から面倒な人が
### ひとりもいなくなったとしたら

[日] 心理医生 Sidow 著

陈旭　　　　译

**中国科学技术出版社**

·北 京·

Original Japanese title: MOSHI YONONAKA KARA MENDOUNAHITO GA HITORI MO
INAKUNATTA TO SHITARA
Copyright © mental doctor Sidow 2022
Original Japanese edition published by Ascom, Inc.
Simplified Chinese translation rights arranged with Ascom, Inc.
through The English Agency (Japan) Ltd. and Shanghai To-Asia Culture Communication Co., Ltd.
北京市版权局著作权合同登记 图字：01-2024-0717

**图书在版编目（CIP）数据**

忍不了一点 / (日) 心理医生 Sidow 著; 陈旭译.
北京: 中国科学技术出版社, 2024. 11. -- ISBN 978-7-
5236-0947-7

Ⅰ. C912.11-49
中国国家版本馆 CIP 数据核字第 20248L05V9 号

| 策划编辑 | 赵 嵘 | 责任编辑 | 赵 嵘 |
| 封面设计 | 东合社 | 版式设计 | 蚂蚁设计 |
| 责任校对 | 张晓莉 | 责任印制 | 李晓霖 |

| 出　　版 | 中国科学技术出版社 |
| 发　　行 | 中国科学技术出版社有限公司 |
| 地　　址 | 北京市海淀区中关村南大街 16 号 |
| 邮　　编 | 100081 |
| 发行电话 | 010-62173865 |
| 传　　真 | 010-62173081 |
| 网　　址 | http://www.cspbooks.com.cn |

| 开　　本 | 880mm×1230mm　1/32 |
| 字　　数 | 128 千字 |
| 印　　张 | 6.25 |
| 版　　次 | 2024 年 11 月第 1 版 |
| 印　　次 | 2024 年 11 月第 1 次印刷 |
| 印　　刷 | 大厂回族自治县彩虹印刷有限公司 |
| 书　　号 | ISBN 978-7-5236-0947-7/C·266 |
| 定　　价 | 59.80 元 |

# 前言　不要让"烦人精"影响你的生活

　　我最近跟老家的一位老大哥关系很不融洽。有时候我没接到他的电话，他就破口大骂，哪怕是信息回复晚了些，他也要给我脸色看。有时候他连招呼都不打，就突然来我家，根本不管我当天有什么安排，来了就拉我去喝酒，而且不喝醉就不让我走。我一直逆来顺受，也不知道什么时候是个头啊。

　　这是我的一位 30 多岁的病人的经历，我们就叫他 A 吧。他来我供职的医院找我做咨询时，满脸疲惫地向我吐露了心声。他不敢违背这位 B 大哥的心意，也很难跟对方"恩断义绝"。他仿佛走进了一条死胡同，每次 B 大哥打来电话，他都会感到重重压力。

　　这是人际关系中的典型矛盾。

　　我继续盘问细节，A 告诉我，B 根本不考虑他的感受，一切都以自我为中心。于是我劝 A，让他委婉地向这位老大哥表达自己的想法。**有很多人都是这样，听了别人诉苦才会改变自己的态度。**

　　于是 A 鼓起勇气，对 B 说：

　　"我要是很忙或者睡觉的时候，肯定来不及回你消息啊！而且有些时候我确实没办法陪你。也请你理解我！"

　　但状况丝毫没有变化。看来，B 的"烦人程度"远超我的想象。

为了帮 A 解决问题，我又给他提出了新的策略：我劝他在心理层面和物理层面都和 B 保持距离。

无须考虑 B 的心情，不主动联系他。

少回他的消息，宁可惹怒他也不回。

为了减少和 B 见面的机会，干脆多出门少在家待着。

A 确实按照我说的进行了尝试。久而久之，B 的情绪变得稳定多了，也不会再提出过分的要求。A 的精神负担减轻了不少，也不会再因为与 B 的关系而感到烦恼了。

这个案例告诉我们：**如果很难直接改变对方的行为，就尝试以拉开距离的方式改变现状（换言之，让"烦人精"不再找你的麻烦）。**

听了 A 的故事，各位有何感想呢？

明白了，我明白了！

原来是这样啊！

我身边也有很多 B 这样的人呢！

或许你已经展开了一连串的联想。**因为年龄不同，性别相异，所处立场不一，所以才有"千人千面"的说法，也因此每个人或多或少都会有些人际关系方面的烦恼。**

A 的烦恼并不是个例，或许有一天，类似的事也会发生在我们身上。

即便今天你和他人相安无事，或许明天你也会对 A 的烦恼感同身受。所以，对于别人遇到的难处，我们绝不能抱持隔岸观火的态度。

每个人都应该引以为戒，没有人会觉得自己跟这些麻烦事"无缘"。如果真有人这么想，那么恐怕他也不会翻开这本书了。

现代社会，越来越多的人感到人生充满压力。而其中最多的压力，往往来自人际关系。我作为一名精神科医生，经手过各种各样的案例，对此更是感触颇多。

我觉得，人生的烦恼几乎都源于人际关系。

成绩不能提高。

技术没有进步。

身高不够标准。

类似这样因自身不足而产生的烦恼，在所有烦恼中的占比绝对不高。而绝大多数的烦恼往往还是来自以下情况。

明天真不想见到他。

他为什么就是不能理解我呢？

××这个人啊，做什么都是独断专行，我真是搞不定他！

都怪我领导，计划全都被他打乱了。

我想象不到，居然还有那么没有"眼力见"的人……

这次 ×× 肯定又要跟我吐苦水了。

以上这些都是人际关系方面的烦恼。

**没有人能真正地笑对人际关系中的矛盾和纠葛，但如果你一直带着负面情绪，那么最终你也会陷入痛苦的泥沼，而且悲观也不可能帮你解决任何问题。**

因此，我下定决心写本书。尽管解决人际关系烦恼的办法有很多，但世界上根本没有所谓的"人际关系指导手册"。我想向有需要的朋友传递有关处理人际关系的技巧、要点和具体案例，这就是我创作本书的动机。

本书内容主要来自我和患者沟通的真实案例。

我该如何跟这种人打交道？

面对这种情况，我该采取什么手段应对？

我会做一些简单易懂的比喻，抽丝剥茧地破解各个主题。我的目的是和平地解决问题。我们身边总有很多"烦人精"和"麻烦鬼"，我们不应该跟他们硬碰硬，而是要把和平解决问题放在第一位。当然，我也会竭尽全力地帮助各位消解不满和压力。

有时候，对方越是麻烦，我们就越难以跟他们分道扬镳。因此，绝大多数人总希望尽可能地与他人保持良好的关系，或者改变扭曲的关系。

各位请放心！你们的愿望都能实现。虽然我不敢说100%能够做到，但只要你通读本书，就一定能更好地处理人际关系。

或许到那时，你身边就再也不会出现"麻烦鬼"和"烦人精"了！

各位，放飞梦想吧！

让我们创造一个没有麻烦的人的世界吧。

再补充一点，本书还有两个潜在的主题。

第一个潜在的主题是：**各位读者自己也有可能变成麻烦的人，希望本书也能让你意识到这一点。**

随着阅读的深入，你可能会不由自主地感到惊讶"我也做过这种事""这不就是在说我吗"。

世界上不存在完美的人。

他人并不都是错的。

要学会由人推己，反躬自省。

麻烦的人才是最好的反面教材。

如果你能带着这样的心态，从多个角度来学习本书的内容，那将是我莫大的荣幸。本书第11页是"'烦人精'自查表"，如果你与其中很多项目符合，那就请你重新审视自己的言行，争取改正吧。

第二个潜在的主题是：**有时候，我们也会替他人解决**

**"烦人精"** 的问题。

比如你的朋友跟你说："我不太会跟公司里的新人打交道。"这时候，你就能用本书的知识替他排忧解难了。如果你既能了解与"烦人精"打交道时的基本策略，又能"对号入座，对症下药"的话，就一定能给这位朋友提出简单易行的建议了。

我衷心希望不论是你，还是对方（"烦人精"），或者你们身边的人，都能因本书获得幸福！

心理医生 Sidow

# 本书的作用

## 1. 理解让你感到麻烦的原理

这部分内容将在第 1 章说明。只要我们明白了什么是麻烦，就能更加理解"烦人精"的处境，也更懂得克制自己的情绪了。这就是解决问题的第一步。

## 2. 学会如何跟"烦人精"打交道

如果你遇到麻烦的人，就请参考第 2 章的"应对'烦人精'的 7 步法"进行实践吧。你会从中找到各种类型的"烦人精"。这部分内容简直就是最棒的基础应对策略。即便它不能帮你 100% 解决问题，至少也能帮你缓解痛苦和压力。

## 3. 学会对号入座、对症下药地解决问题

在介绍完基础篇"应对'烦人精'的 7 步法"之后，本书将进入应用篇。这部分内容将帮助各位找到应对身边"烦人精"的"解药"。应用篇由"任意剥夺时间和行动自由的'烦人精'"（第 3 章）、"侵害自尊心和隐私的'烦人精'"（第 4章）、"毫无罪恶感地要求你同情和称赞的'烦人精'"（第 5 章）

三部分构成。

本书既讲授基础知识也提供应用案例，可谓一体两面。

另外，为了解决现代社会社交媒体中的人际关系问题，本书还特别收录了社交媒体上活跃的 6 种"烦人精"，相应的章节也会标注"社交网站"（SNS）标志。

## 4. 提供每种"烦人精"的数据作为参考

第 3 章到第 5 章里出现的"烦人精"都配有插图，还包括"角色名""属性（即与你的社会关系）""（主要的）出没地""遭遇等级""特技""重点""攻略难易度"7 个项目。

"属性"和"出没地"是对应"角色"的常见条件，而我将用 5 个等级评价"遭遇等级"和"攻略难易度"，请各位将其作为一种参考标准。

## 5. 确认一下，你自己是不是"烦人精"

自认为正确的判断或者下意识的选择对于他人来说很可能已经很烦人了。

或许你自己就是那个"烦人精"？

你符合第 3 章到第 5 章中出现的那几种"烦人精"的特点吗？

请带着这样的想法，继续深入阅读本书。为此，我在第1章中给出了"'烦人精'自查表"。如果你与其中很多条都相符，那就说明你需要多加注意，或许这正是你改变自己言行的好机会。

## 6. 彻底掌握应对"烦人精"的技巧

学会了本书的所有知识并努力实践之后，你就会成为一名"烦人精应对专家"了。这不仅能帮你解决问题，还能让你给那些同样遭遇"烦人精"困扰的朋友提出合理的建议。如果你的亲朋好友遇到了类似的状况，请你一定要和他们耐心交流，这有助于提高沟通能力。

# 本书出现的"烦人精"角色图鉴

总计 45 个角色

① 监视达人

盯　盯

➡P034

② 否定大臣

➡P037

③ 慢半拍人

呆

➡P040

④ 天真太郎

我觉得还好啦。

➡P043

⑤ 不自觉先生

对不起喽。

➡P047

⑥ 自我陶醉君

你来说说看！

➡P050

⑦ 累赘分子

➡P053

⑧ 总有理人

我这样做也是有原因的……

➡P056

⑨ 跑路怪

先走一步喽！

➡P060

I

⑩ 效率逆行者

我还得再想想……

➡ P063

⑪ 时间吝啬鬼

还没好吗？

快点儿！

➡ P066

⑫ 麻烦制造机

我错了，是我不好。

➡ P069

⑬ 寡断宝宝

到底该怎么办呢？

➡ P072

⑭ 唯我虫

一定要按顺序做。

➡ P075

⑮ 变脸怪

好的！没问题！

绝对不行！

➡ P078

⑯ 过江聋人

先听我说！

➡ P081

⑰ 空壳人　SNS

然后……

嗯嗯……

➡ P084

⑱ 回复狂　SNS

已读　明天忙吗？

已读　干什么呢？

已读　好像今天有好看的电视剧呢！

快回我消息！

➡ P087

⑲ 喷火大魔王

气死我啦！

➡ P092

⑳ 小恶霸

今天到底要欺负谁呢？

➡ P095

㉑ 毒舌怪

你可胖了不少呢！

➡ P098

㉒ **强求君**

求你了！

拜托了！

➡ P101

㉓ **厚皮怪**

××老妹儿，今天过得咋样啊？

➡ P104

㉔ **吃人怪**

谢谢款待！

➡ P107

㉕ **傲气超人**

这不是很普通吗？

➡ P110

㉖ **高傲圣人**

只要这样做，肯定没问题！

➡ P113

㉗ **集友狂** **SNS**

好友申请 同意

昨天太感谢您了！我叫×××。

我跟你也不熟啊……

➡ P116

㉘ **揭短犯** **SNS**

去年你穿的不就是这套衣服吗？

发送

➡ P119

㉙ **照镜仙人**

今天我也这么帅！

➡ P124

㉚ **自律神人**

能看到吗？

焦躁不安

➡ P127

㉛ **我我怪人**

听我说！听我说！

➡ P130

㉜ **包工头**

全都交给我吧！

➡ P133

㉝ **大忙人**

我很忙！

➡ P136

# 目录

# 第4章 侵害型 "烦人精" 的应对方法……091

# 第5章 强迫型 "烦人精" 的应对方法……123

第 **1** 章

# 了解“麻烦”的概念

# 遭遇同学轻生，我走上精神科医生之路

我成了一名精神科医生。在学习了有关人类内心的专业知识后，懂得了如何跟麻烦的人打交道。而我以前认为与人相处本身就会让人备受煎熬，并且我的情绪也容易激动。

那时候，如果我遇到一件不太顺心的事，就会感到烦躁。如果谁想压我一头，我就会火冒三丈。要是遇到讨厌的事，我只能用"拖字诀"应付，甚至对方的一言一行都会让我的内心阴晴不定。

我不止一次地感叹："不了解人的内心，生活处处都是困难。"

恰在此时，我的生活迎来了转折点。高三那年，和我同年级的一位同学自杀了。

他的死是由什么造成的？是人际关系出了问题？还是遭到校园霸凌失去了生活的勇气？我们没看到类似的迹象和事实，而他也走得不明不白，连一封遗书都没留下。

朋友去世使我受到巨大打击，但与此同时我开始思考：除了自杀这一条路，他是否还有别的选择？他选择走上绝路之前，是否能找一位倾诉对象？

时光慢慢流走，我始终没有找到答案。只能得到这样的结论：一切的原因只有他自己知道。从那时起，我开始变得十分关心他人的心思，我想深入挖掘人们内心的想法。

正因为当初的一个念头，我立下了成为一名精神科医生的志向。虽然大学期间我的想法几经动摇，但实习期结束时，我终于下定决心，不改初衷，这才有了今天的我。

我的那位同学已经离世 15 年，这 15 年间我作为一名精神科医生，接诊过太多患者，积累了丰富的经验。

**如今的我再也不会因为琐事而大发雷霆，也不会因为人际关系而感到苦恼。因为我知道，我能够从多个角度理解人们的心理状况，也学会了如何控制自己的情绪。**

虽然我也时常感到有些人真的很烦，但因为我知道理想的解决方案，接下来只要实践就能突破难关，所以我不会感到有丝毫的压力。同时，我也知道，世上的人们对于人际关系有着很多的烦恼。

每天接诊的患者恰好能证明这一点，而且也有很多人抱怨"我身边怎么都是'烦人精'啊！"，所以我才决心为你们写这本书。我愿尽我所能，把自己掌握的知识和技巧倾囊相授。

既然我们有应对"烦人精"的方法，那就让我们彻底解决问题，共同建立没有"烦人精"的理想国吧！

## 别让对方打开你的"麻烦开关"

先问各位一个问题，人为什么会感到麻烦？只要知道这个问题的答案，你就能学会自控。

因为对方把你的"麻烦开关"打开了，所以你才会产生厌恶、焦躁等一系列负面情绪。所以只要你制定好相应的策略，不让对方按动你的"麻烦开关"或者保持情绪稳定，就能轻松化解，不为所动。

要知道：**想改变他人的个性、思维和行为模式是相当不容易的。**

但是**我们能改变自己**。只要找到合适的对策，哪怕对方仍旧死性不改，你也能原谅他、理解他，有时候甚至能发现对方的长处。

这就是我们努力的目标。

只要我们学会改变心态，状况就能大大改观。**如果你能理解其中的原因，或许也会更愿意接受一切，并发现解决困难的路径。**

我并不是让各位关注对方的心理，而是让各位先去了解自己的心理，了解自己为什么会觉得对方是个"烦人精"。这就是解决问题的第一步。

人们在什么时候才会产生负面情绪呢？

为什么你会觉得对方是个"烦人精"呢？

你是否感到了压力？

这一切的根源在于，**对方的行为与你的预期和愿望相违背**，而且对方的行为和你的预期差距越大，你就越会觉得焦虑、郁闷、烦乱。是的，这就是我们内心压力的主要来源。

"压力"这个词，从根源上看其实指的是一样事物被堆叠扭曲，承担负荷的状态。这种状态一旦持续，我们的身心就容易变得不健康。

如果将对方的行为与你的预期和愿望相违背的状况进行区分，大致可以分成3类。

**（1）时间和自由被剥夺。**

例：明明约好会面时间，但对方迟到了。

会议不能按照规定时间结束。

被人强迫着做一件事。

**（2）自尊心和隐私被侵犯。**

例：对方和自己的价值观及想法背道而驰。

对方任意传播你家人的隐私。

遭遇人肉搜索。

**（3）无礼要求你付出同情心和赞美。**

例：对方经常跟你讲述他的"丰功伟绩"，或者经常找你诉苦。

当着你的面突然抱头痛哭。

暗示你要夸奖他。

每每这种时候，说明对方已经打开了你的"麻烦开关"。

## 各种情况下的"烦人精"

下面讲几个典型"烦人精"的真实案例。很多人总说"我不想见到他""我尽量不和他打交道",或许他们对此已经有了很深的共鸣。

"只盯着你的缺点,经常让你改正错误的领导"

→**剥夺时间和行动自由的类型**

"要求你遵守规则,自己却不想遵守规则的恋人"

→**侵害自尊心和隐私的类型**

"传闲话、说坏话却还要你跟他'同流合污'的同事或朋友"

→**强迫你同情和称赞的类型**

"每次见面都挖苦你的邻居"

→**剥夺时间和行动自由的类型**

"嘴上说着'不要攀比',却总对你说'人家×××可真出息'的家长"

→**侵害自尊心和隐私的类型**

"总表现得劳苦功高,而且态度傲慢的闺蜜"

→**强迫你同情和称赞的类型**

以上这些都是比较具体的案例,而且这些人或许与我们只是一面之缘,或许我们每天都要和他们相处,但在人生的漫漫长路上,我们也可能遇到那些素不相识的"烦人精"。

- 在医院等候室之类要求保持安静的场合大声讲电话的人。
- 你刚试穿一套衣服，就开始对你上下打量，表现得过分关注的服装店营业员。
- 刚一进入始发电车就开始替人占座的人。
- 不把顾客当上帝，冷淡、刻薄的餐饮店服务员。
- 在狭窄的通道拉横幅的人（情侣）。

这些"烦人精"简直不胜枚举。人活一世，必然会遇到各种各样的"烦人精"。

## 必须采取对策，不要放任不管

如果有人恰巧打开了你的"麻烦开关"，请先不要露出厌恶的表情，马上发火，也不要疏远对方。因为这样的话，彼此都不会感到幸福。

那么你就只能选择放任不管了吗？

当然不是。放任不管是改变不了对方的，而且你很可能继续遭受对方的"折磨"。

你应该和"烦人精"面对面，应对他带给你的挑战。

这就是我的建议。

日本发展心理学会 2002 年发表了一篇关于老年抑郁症患者的论文。科学家以中老年人为对象，调查了他们与家人在交流中的积极性内容和消极性内容，以及人际关系与抑郁症的关系。结果发现，消极的人际交流对心理健康相当不利。

这项调查以"中老年人""家人"为研究对象，如果将范围扩大到"青少年""家庭成员以外的人"，恐怕也会得到同样的结果。也就是说，**如果任由"烦人精"干扰你的生活，你的压力就会越积越多，心理健康也会受到威胁。**

最理想的状态是引导双方建立积极（良好）的关系。毋庸置疑，这是独一无二的最佳答案。即使不能将麻烦所带来的负面情绪清零，只要能让你的负面情绪有所减轻，你的所有努力就都有了意义。

好了，接下来让我们进入正题，研究一下解决"麻烦精"的对策吧！

解决问题的方法不止一种，而且"烦人精"的性格和麻烦的程度不同，需要付出的精力也不同，但我建议，无论遇到什么样的情况，都要分阶段解决，这样才能达到理想的结果。

我使用的办法就是第 2 章介绍的"应对'烦人精'的 7 步法"。如果你遇到了麻烦的人，就请尝试一下吧。

同时，第 3 章到第 5 章中介绍了"不同类型'烦人精'的应对方法"。本书将世界上的各种"烦人精"按照不同类型分成了 45 类，并分门别类地给出了特别的应对方法。**所以大家可以对号入座，找到困扰你的那种或相近类型的"烦人精"，再用高效的方法解决问题。**

但请注意一点，不同类型的"烦人精"攻略难易度并不相同。不仅有你能够轻松应付的小角色，也有令你无计可施的"大 BOSS"（游戏关卡中的最后一个怪物）。

话虽如此，但无论对手多么难对付，只要采取正确的对策，状况就会得到切实的改善。要知道，状况总不至于比现在更糟糕，所以带着积极的心态去面对比什么都重要。

## 如果你本身就是个"烦人精"

前文中，我们的前提一直是"对方是个'烦人精'"，但不要忘记，正如前言所述，我们本身可能才是那个真正的"烦人精"。

**每个人的价值观和想法都不尽相同。我们认为是正确的一件事，在对方看来或许反而是荒谬的。**

如果你觉得对方是"烦人精"，或许他反而觉得你才是制造麻烦的一方。或者你也可以想象一下，你喜欢的人、关系要好的人，或许背后还觉得你特别讨厌呢……

**我肯定没问题的！**

**我是最棒的！**

**如果你这样骄傲那就危险了。**我们不能否定任何一种可能性，而要冷静地审视自己。即便你觉得自己已经解决了"烦人精问题"，但只要有人觉得你还是个"烦人精"，问题就不算真正解决。

我们的目标是创造一个没有"烦人精"的世界，如果你自己成了这个目标的阻碍，那不就本末倒置了吗？**想要建设这个没有"烦人精"的理想国，我们首先要知道自己是不是个"烦人精"。**

我为各位提供了一张"烦人精自查表"，只要用它，就能轻松地检测出自己的"麻烦指数"。请各位把它当成看病时医生让你填写的问诊单，一项一项地选择"是"或"否"。选择"是"的次数越多，就说明你越接近"烦人精"。如果是那样，你就该注意了。

此时，你可以问问你的家人、朋友和同事，你在他们心目中到底是个怎样的人，再比较一下他们的答案，这样对你更有帮助。

## "烦人精"自查表

1. 你会根据每天心情的不同而改变态度吗?

2. 你经常对人说"绝对……"吗?

3. 你不能坦率地接受他人的意见吗?

4. 如果对方不听你的,你会十分生气吗?

5. 你是否经常感到某些人很讨厌、很让你苦恼?

6. 你经常跟朋友诉苦吗?

7. 你会特别依赖某些人或事物吗?

8. 你每天的心情变化大吗?

9. 你是否有"不是的""但是""可是"之类的口头禅?

10. 你经常不达目的誓不罢休吗?

11. 你经常关注缺点和消极面吗?

12. 你会经常自顾自地滔滔不绝吗?

| | | |
|---|---|---|
| ① | 是 | 否 |
| ② | 是 | 否 |
| ③ | 是 | 否 |
| ④ | 是 | 否 |
| ⑤ | 是 | 否 |
| ⑥ | 是 | 否 |
| ⑦ | 是 | 否 |
| ⑧ | 是 | 否 |
| ⑨ | 是 | 否 |
| ⑩ | 是 | 否 |
| ⑪ | 是 | 否 |
| ⑫ | 是 | 否 |
| ⑬ | 是 | 否 |
| ⑭ | 是 | 否 |
| ⑮ | 是 | 否 |
| ⑯ | 是 | 否 |
| ⑰ | 是 | 否 |
| ⑱ | 是 | 否 |
| ⑲ | 是 | 否 |
| ⑳ | 是 | 否 |
| ㉑ | 是 | 否 |

⑬ 你会等不及对方
讲完就插话吗?

⑭ 你是那种
口无遮拦的人吗?

⑮ 你经常不自觉地
彰显自己吗?

⑯ 即便设定了目标,
你也很难实现吗?

⑰ 你会跟不认识的人
滔滔不绝地说话吗?

⑱ 和别人比较的时候,
你会感到自己高人一等吗?

⑲ 犯错的时候,
你会总是先找借口吗?

⑳ 你认为朋友的数量
比质量更重要吗?

㉑ 你对任何事情
都报以消极的态度吗?

有很多"是"的人,
自己可能就是"烦人精"!

# "烦人精"自查表诊断结果

选择"是"的次数越多,你的"麻烦指数"就越高,但根据不同的题目,我们还可以把自己分成"剥夺型"、"侵害型"和"强迫型"。下面请看诊断结果。

实际上,3 的倍数 – 2 的问题号(1、4、7……19)是"剥夺型",3 的倍数 – 1 的问题号(2、5、8……20)是"侵害型",而 3 的倍数的问题号(3、6、9……21)则代表"强迫型"。如果你想要改变自己的言行,请把这些问题作为参考。

**剥夺型** 倾向问题

1. 你会根据每天心情的不同而改变态度
4. 如果对方不听你的,你就会十分生气
7. 你会特别依赖某些人或事物
10. 你经常不达目的誓不罢休
13. 你会等不及对方讲完就插话
16. 即便设定了目标,你也很难实现
19. 犯错的时候,你总会先找借口

**侵害型** 倾向问题

2. 你经常对人说"绝对……"
5. 你经常感到某些人很讨厌、很让你苦恼
8. 你每天的心情变化很大
11. 你经常关注缺点和消极面
14. 你是那种口无遮拦的人
17. 你会跟不认识的人滔滔不绝地说话
20. 你认为朋友的数量比质量更重要

**强迫型** 倾向问题

3. 你不能坦率地接受他人的意见
6. 你经常跟朋友诉苦
9. 你有"不是的""但是""可是"之类的口头禅
12. 你会经常自顾自地滔滔不绝
15. 你经常不自觉地彰显自己
18. 和别人比较的时候,你会感到自己高人一等
21. 你对所有事情都报以消极态度

# 第 2 章

# 应对"烦人精"的7步法

# 成长的大好机遇

前一章我已经说过，面对"烦人精"，不论是表现出反感、愤怒的情绪，还是敬而远之，都不是明智之举。我们应该尽可能选择和平、折中的方法解决问题。只有这样你才会逐渐放下压力，走上幸福的人生路。

我希望各位参考本章介绍的"应对'烦人精'的7步法"化解矛盾。由于我加上了第0步"先去了解自己为什么会把对方当成麻烦的人"，因此本章实际上由8个部分组成。

【第0步】先去了解自己为什么会把对方当成麻烦的人

【第1步】接受麻烦的人

【第2步】关注麻烦的人以外的事物

【第3步】观察、分析麻烦的人

【第4步】寻找麻烦的人的行为逻辑

【第5步】向麻烦的人传达自己的感受

【第6步】让麻烦的人停止自己的行为

【第7步】与麻烦的人拉开物理和心理距离

也许你会觉得努力解决问题其实更麻烦，但不用担心，你不需要把全书从头到尾学习一遍，只要按照由小到大的顺序，逐一实践就可以了。当然，也有在初期阶段就能顺利解决问题的情况。

**麻烦的程度越高，需要"走"的步骤就越多，但每一步**

都有解决问题的机会（提示），只要往下走，早晚会到达目的地。这套方法的优势在于，能让你轻松化解"烦人精"的困扰，而不会给彼此造成负面的影响。

请把处理"烦人精"当成让自己成长的大好机会，积极地尝试吧！我们的目标是——成为"'烦人精'处理大师"。如果能实现这个目标，你人生的幸福指数就会得到飞速提高。

"烦人精"处理大师之路

# 应对"烦人精"的 7 步法

### 第 0 步

**先去了解自己为什么
会把对方当成麻烦的人**

如果是对方造成的问
题，请践行第 1 步

### 第 1 步

**接受麻烦的人**

如果不能接受，
请践行第 2 步

### 第 2 步

**关注麻烦的人
以外的事物**

如果还是做不到，
请践行第 3 步

### 第 3 步

**观察、分析
麻烦的人**

# 问题

麻烦的程度越高就越需要向前。但是
请放心，在任何节点（步骤）都会有
给你解决问题的提示（机会）！

如果还是不能接
受，请践行第 4 步

**与麻烦的人拉开
物理和心理距离**

如果对方完全
不听你的，请践
行第 7 步

第 6 步

**让麻烦的人停止
自己的行为**

如果对方不改变，
请践行第 6 步

# 解决！
## 目标达成

第 5 步

**向麻烦的人传达
自己的感受**

如果不能做到传
情达意，请践行
第 5 步

第 4 步

**寻找麻烦的人的
行为逻辑**

越往前走，就越能熟练地与麻烦的人打交
道，这可真不错！

# 先去了解自己
为什么会把对方当成麻烦的人

## 原因或许在你自己身上

"应对'烦人精'的7步法"是针对对方（麻烦的人）的策略，但其中也有一种不需要考虑对方的是非对错，单凭我们自己就能解决问题的策略，那就是重新审视自己。

**或许问题的根源不在对方身上，而在我们自己身上！**

**如果发现了这点，就不需要再管对方是什么类型或者你和对方的关系了，你自己就能解决所有问题。**

因此我才会把"第0步"放在7步法的最前面。如果这一步就能解决问题，那自然再好不过。

如果你觉得"这个人可真麻烦啊"，那就请你再想想"为什么你会觉得对方麻烦，为什么你会感到不快"。也就是说，在探讨他人的是非前，先搞懂自己，才是所谓的"预先一步"。

请冷静下来，想象一下，如果在不同的日子、不同的时间、不同的场所、不同的情况下和这个人接触，如果他对你做了同样的事情（或者对你说同样的话），你会有什么感受？或许你不会感到太沮丧？

比如马上就要下班了，领导却给你布置新任务，这让你感到十分烦躁。但若是他上午就给你布置好任务，你是不是就不会如此愤怒了？你之所以会感到很不耐烦，是因为你担心这项工作不能在下班前完成（就要加班），所以这并不完全是你领导的责任。想到这一层，你就会明白，这种事情根本不值得如此挂怀，你的心态也会发生变化。

除此之外，你之所以感到不耐烦，或许是因为意志消沉、肉体疲惫，而这问题的根源还是在你自己身上。

"我"为什么会因为这个人而烦恼？

今天赶紧睡觉吧，把讨厌的事情忘掉！

如果你能自己解决问题，就没有必要进入第 1 步了。当你把自己的愤怒情绪管理技能提高了一个层次后，下次就可以从容地与对方接触了。

另外，如果你思来想去，还是觉得问题出在对方身上，而且你根本没有丝毫消气的感觉，自己心里的怒火无论如何也压不下去的话，你就仍旧需要找到一个更理想的解决方式。所以请进入第 1 步吧！

 **接受麻烦的人**

## 改变观点，自然心怀感激

在第 1 步中，我们需要做的工作就是：想一想"烦人精"

的存在给自己带来了多大的负担。

麻烦是麻烦，但还没到生气的程度。
老实说，他挺烦人的，但对我没有伤害。
世界上也是有这种人的呀！

如果你有这样的想法，那就试着去理解并接受对方吧。
"因为他就是这种人，所以我们也没办法"。**如果能把这一点
想明白，我们的内心就会变得从容，即使对方屡教不改，仍旧
我行我素，我们也不会计较太多，而会坦然面对。**

举个例子，假设你有个朋友，他对你每天的衣着打扮
过分关注，有一天他突然问你："你三天前也穿了这套衣服
对吧？"

如果把对方的话当真，恐怕就会觉得对方很讨厌、太爱
管闲事了。但是，换个角度看，把他的行为当成一种关心和爱
护，或许你就能容忍对方的行为了。

他大概只是想在我面前"装一把"吧？
我都被他说习惯了，他爱怎么说就怎么说呗！
我是成年人了，他还小，我就姑且放他一马吧！

如果你能达到这种境界那真的再好不过了。或许他正巧

给了你一个"换新衣"的机会，让你更能接受他人的价值观。这样想来，你还应该谢谢他呢！因此，你并不会要求对方做出改变，你们二人之间也就不会产生摩擦了。

如果你能接受一个麻烦的人，你就不会因为他的存在而感到心理压力大了。你真该好好夸一夸自己！但假如你思来想去还是不能接受，那就请践行第 2 步。

##  关注麻烦的人以外的事物

### 一旦感到厌烦，就投身兴趣爱好吧

我接受不了这个"烦人精"！
我还没成熟到那个地步！

我希望你还是尽力克服。或许这只是一时之气，又或者结论下得太早了。我们没必要为了耍性子，把事情变得更加难以收拾。因为你还有更高效的解决方法，所以请你在对方察觉你情绪的变化之前，找到解决之道吧。

每个人都有表现出焦虑一面的时候。**请你允许自己焦虑。重要的不是克制焦虑，而是不被焦虑左右，勇敢迈出下一步，不要让负面情绪长时间地拴住你的脚步。**

第 1 步的解决方式是转换思维，第 2 步则需要上升到行为。既然光想不是办法，那就去关注"烦人精"以外的事物，找到一个能够不让自己如此焦虑的办法。我推荐各位去做一些能让自己体验到幸福感的事，或者沉浸在自己的兴趣爱好中。

具体来说，比如在网络上看看搞笑视频，去 KTV 唱歌或去健身房排解压力，吃自己爱吃的美食，和家人、伴侣、好朋友谈笑风生。

第 2 步的解决方式和第 0 步、第 1 步一样，都可以在不影响对方的情况下解决问题。如果沉浸在爱好之中能让我们忘记烦恼，那就是极大的成功。你的内心能够变得强大，并且与人相处的技巧也会有很大的提高。

如果无论看视频、唱歌、跑步、享受美食、谈天说地，都不能让你把脑海之中的"烦人精"抹去，那就请践行第 3 步。

##  观察、分析麻烦的人

### 另辟蹊径，改变眼前窘境

接下来，请大家思考一下，为什么那个"烦人精"会做出让你感到心烦意乱的行为。

他平时就是这种人吗？

他为什么要那么做？

他对别人也是这种态度吗？

请你想一想：他平时的态度如何？这次令你难堪或许只是一次偶然？他对不同人的态度也不同吗？根据答案的不同，理解方法和应该采取的对策也不同。

假如你有一位同样身为人母的闺蜜，跟你提起孩子上补习班的费用太贵的话题。如果你没有让孩子上补习班，那么你可能会觉得她的态度有些“居高临下”。如果对方经常说这类话，那她或许只是在炫耀自己的经济实力。

但是，如果她平时从来不说这些，或许她是真的很信任你，才会毫不避讳地向你吐露心声。明白了这一点，你就不再会感觉她很烦人，反而会十分感激她的信任。哪怕听到她这么说，你会感到一瞬间的不安，但心情很快就会平复。

另一种寻找解决方案的高效方法是，向你信任的人寻求帮助，并征求他们的意见。对方可以是朋友，也可以是家人，但你们必须都认识那个“烦人精”。

或许你最终会发现，那个“烦人精”确实人见人厌，但也可能发现他不为人知的另一面。比如，你的领导经常给你找麻烦，还多嘴多舌，但直到最近你才从同事的嘴里听到，原来领导刚刚离婚，生活简直一团糟……此时你是否觉得他也是“天涯沦落人”，愿意再忍忍，再给领导些时间恢复呢？

我们应该努力了解一个人。**如果能找到让自己接受对方的理由，就能减轻自己受到的伤害，或许此时我们就能退回到第1步了呢！**

仔细观察对方，分析他的本性，收集关于他的信息，如果做完这一切之后，你还是接受不了这个人，就请践行第4步。

##  寻找麻烦的人的行为逻辑

### 找到理由即可解决

前文我们一直在探讨如何靠自己或者靠第三人的帮助，应对"烦人精"问题，但我们还没能告诉眼前的"烦人精"——其实我已经被折磨得很惨了！

如果你还是不能接受对方，感到忍无可忍，也没有找到排遣的方式，更不知道对方为什么会那么烦人，并因此束手无策，那么你就不需要再设法自行解决，而要直接和对方交流。想要解决问题，首先就必须找到问题发生的原因。

我并不建议单刀直入地说"我很烦，你别惹我了""我讨厌你"。因为或许他的所作所为另有隐情或者有明确的理由。

他可能只是养成了坏习惯，并不是诚心让你难堪。另外，有些人冥顽不灵，性格永远难以改变。

所以你应该先搞清楚为什么对方会这样做（这样说）。不要一上来就吵架，要冷静且温和地处理问题。如果你和对方是朋友关系，那就可以半开玩笑地问他："你怎么又拿我寻开心啊？咱俩有仇吗（笑）？"

如果对方确实有自己的理由，而且你也能接受他的理由，那么你们的矛盾肯定会就此烟消云散。**你之所以会觉得对方是个麻烦的人，或许正是因为你看问题的角度不对，如果你了解了背后的原因，或许根本不会觉得对方麻烦。**

但有的人很不自觉，直到你问他"为什么这么做"的时候他才恍然大悟。如果他虽然自觉理亏，但还是做出了伤害你的事情，或许经你这么一问，他才知道，原来你很在意这件事。虽然他可能再犯错，但我相信他的"烦人频率"会降低的。

另外，也有些人明知故犯，有意为之。这就有些难办了，仅仅通过沟通和询问很难彻底解决问题。如果对方明显缺乏良知，并且蛮不讲理，那索性来个"将错就错"。如果你真的遇到这样的人，请践行第 5 步。

##  向麻烦的人传达自己的感受

### 知常识方能明进退

为什么你要做出这种事？

如果你觉得即便向"烦人精"提问，也不能明确表达自己的想法，那就不必拐弯抹角，直接说出自己的真实想法吧！

虽然一直在忍耐，但是你这么说，我还是感到很受伤。

我想你应该更乐观些才对！

说实话，我觉得你就是在浪费时间。

单刀直入地说出来吧！没有人能真正做到唾面自干。**无论多么迟钝的人，只要有点儿常识，就该知道"这样不好""再也不能这样做（这样说）了"。**

之后，你们的关系虽然有可能出现一段时间的不和谐，但这总比自己一直忍耐、积攒压力要好得多。如果对方真的跟你合得来，我想你们很快就能重新建立（挽回）良好的关系。

说出来真是太好了……

情况一定会好起来的！

但是，世界上也存在冥顽不灵的"烦人精"。

他们是一群利己主义者，他们把自己看得比任何人都重要。

或者他们就是一群看什么都不顺眼的人。

或者他们就是一群没心没肺的糊涂虫。

面对这些人，想让他们理解我们的想法是绝无可能的。

如果你已经把话说透了，对方还是无动于衷，请践行第6步。

##  让麻烦的人停止自己的行为

### 你不自觉，我有妙招

如果你已经来到这一步，那就只能把话说得尽可能直白了！

比如你在跟朋友谈论推荐的餐厅时，他说："你推荐的这家不行，还是我推荐的好！"总之，他永远居高临下。不论是面馆、咖啡店、快餐店、寿司店……最好的永远是他推荐的那家。

你听他这么说，难免有些失落，因为你的喜好被他轻易地否定了。若每次都是如此，难免让人郁闷。

此时我们不妨试试第 5 步的方法，对他说"但我还是觉得××（店名）更好啊"，如果对方能接受你的推荐，或许你就不用再往下走一步了，而且可能下次他也不会再把自己的推荐当成"金科玉律"了。

但是，无论在哪个群体，都一定会有不寻常的"烦人精"。他们一定要高你一头否则绝不罢休，所以他们总是固执地反驳你："才不是呢！还是 ××（店名）最好吃！"

这种情况下，除了践行第 6 步别无他法。**委婉的措辞不会改变他的想法，也不会改变他的态度，所以要用严厉的语气指出他的错误。**

"每个人的口味都是不一样的，凭什么你喜欢的店大家都得喜欢？这做得对吗？如果是我说你推荐的店不好吃，你心里能好受吗？不只是我，很多人都是这样认为的。我都要开始怀疑你这个人的品性了！我劝你好自为之！"

这就是你该做的。

**有的人听了你的批评，很可能会发现自己做的事情有多么愚蠢，从而洗心革面。**

大多数人如果发现自己的行为已经伤害到了他人，应该会觉得很过意不去，还会反思自己是不是说得太过分了。之后，即便他还会推荐他喜欢的店，但也不会强调这家店是最好的了。

但是，也有人只要被人指责就会当场勃然大怒。因为他们认为自己的价值观和自尊心受到了伤害。这样的人肯定会强硬地反驳道："你说这话也太过分了，我明明是在帮你！"

如果你真的遇到了这种极度讨厌的人，他完全不听你的劝阻反而变本加厉，那就只好践行第 7 步了。

 **与麻烦的人拉开物理和心理距离**

**最后的选择就是"放弃"**

如果可以的话，我不希望大家走到最后一步，这是我的真心话，我想各位读者也不希望这样。

但是，你可能会遇到不管你怎么做都无济于事的"终极烦人精"，那你只好选择放弃。

我和那个人根本合不来。

我不能原谅他，也不能理解他。

我只希望和他一刀两断。

如果你有这样的想法，那就不要再和对方扯上任何关系，也没必要再为那个"烦人精"而烦恼。想要减少精神上的伤害，就请尽量和麻烦的人保持物理上、心理上的距离。不和他见面，就是拉开了物理上的距离，不去想他就是拉开了心理上的距离。

突然和他断绝关系并不可取，理想的方式是逐渐淡漠。不知不觉间，你和那个人相处的时间大幅减少，甚至变成了零社交。

不主动联系对方，更不见他。

如果对方主动联系你，就只做最低限度的沟通，然后尽量不要见面。

社交媒体方面，可以通过消息免打扰、取消关注等方式处埋。

这是基本的做法。

如果对方是你的领导、同事或同班同学，你们不得不见面也不得不沟通的话，那只要保持心理上的距离就够了。请注意"冷处理"的程度，不要让你们之间的气氛变得紧张。这样做即使不能完全解决问题，你的身心负担也会有所减轻。

以上就是"应对'烦人精'问题的 7 步法"。赶快从第 0 步开始尝试吧！

另外，这是对所有麻烦的人都有效的，可以说是概括性的手法。从第 3 章开始，我将针对每个"烦人精"角色介绍专门的应对策略。

后文由"剥夺型'烦人精'"（第 3 章）、"侵害型'烦人精'"（第 4 章），以及"强迫型'烦人精'"（第 5 章）这三部分构成。你可以对号入座，找到那个正在折磨着你的"烦人精"，然后有的放矢地解决问题。

另外，每个角色都有"角色名""属性（即与你的社会关系）""出没地""遭遇等级""特技""重点""攻略难易度"，共计 7 项数据，希望能为各位提供一些参考。

第 3 章

# 剥夺型 "烦人精" 的应对方法

# 喜欢观察别人的"监视达人"

## "监视"你或许是因为关心你

有些人会从远处一直留意周围的情况，不单是观察，还会确认人们都在做什么，就好像在随时监视周围人的一举一动。各位身边是否有类似的人？他可能是你的领导、朋友或者家人。

他们就是"监视达人"。他们之所以喜欢"监视"你，可能是对你抱有期待，也可能是为了控制你所以才要掌握你的动向。虽然动机和目的各不相同，但有一类人，最强烈的愿望不过是想知道你在干什么。

"监视达人"的言行与常人不同，他们总是下意识地干涉他人，如果你是他的恋人，或许会感到处处束手束脚。

但从好的一方面看，"监视"你的人，往往都是关心你的人。他们完全没有恶意，只是出于对你感兴趣和想要进一步了解你的欲望才会关注你。

如果确实是这样的话，或许我们能接受这种性格的人。

## 如何降低"监视等级"

如果你根本不想让他人对你感兴趣，或者"监视达人"

的行为已经让你感到反感，那就应该采取行动了。

如果对方是你的上司或工作伙伴，那么你可以赶在他"监视"你之前就告诉他"今天我做了这些事，明天我准备做……"，这是最好的手段。如果你不想被领导指指点点，那就先下手为强吧！这样做，对方对你的"监视程度"就会降低，相信你的压力和不愉快也会随之减轻。

如果这位"监视达人"是你的朋友或同事，你们的年龄和地位相近的话，那你最好直接询问对方为什么如此关心你的行为。因为大多数情况下，对方关注你其实没有什么特别的理由。但被你这么一说，他或许才会发现自己太关注你了，并愿意做出改变。

如果家里有一位"监视达人"，那么他不一定是关心你，更多的应该是担心你，所以你应该做的是尽量别让他太担心。

因为他是你的家人，所以你很可能觉得没必要跟他沟通和解释，但这也会惹出很多麻烦。其实你也可以利用社交软件简单地汇报一下你的行动计划。只要给自己定一些规矩，家人之间的交流就会更加顺畅。哪怕你的妈妈很唠叨，总问你去哪儿、见谁、几点回家，你也不可能让她立刻做出改变。

| 角色名 | 监视达人 |
|---|---|
| 属性 | 领导、朋友、家人 |
| 出没地 | 公司、家附近、家里 |
| 遭遇等级 | ☆☆☆☆ |
| 特技 | 过度监视 |
| 重点 | 不要任由其监视 |
| 攻略难易度 | ☆☆ |

# 对一切都说不行的 "否定大臣"

## 从性格和目的性方面分析原因

有些人不管谈话的内容和所处的状况如何，对一切事物永远都持有否定的态度。我想大家身边也有不少这样的人。首先请各位思考一下：为什么他学不会说 "好的"？为什么思考方式总是落后呢？"否定大臣" 主要可以分为两种类型，**一种是对自己没有自信，经常感到不安的人；另一种是对特定的事物或对象过于执着的人。**

前者比普通人更爱操心，因此他们更容易变得保守，他们的内心总是被隐隐的不安折磨，因此轻易不敢说出 "好的" 或 "不行"。

而后者的目的性更强，他们对自己诚实，愿意相信自己感性的一面，如果他看到你似乎因某些原因而产生了负面情绪，那么从那一刻起他便不会认可你。

所以，面对 "否定大臣"，我们要先分清楚他到底是性格使然还是目的性太强，随后根据不同的结果采取不同的应对方式。

## 对方目的性太强，索性单刀直入

**如果你面对的是性格使然的"否定大臣"，就要尽量消除他的不安和担忧，让他放心大胆地做选择。** 如果对方是一位永远说"不行"的领导，你就可以告诉他："我知道您有这方面的顾虑，我有一个计划，请您放心交给我吧！"你只要努力强化他安心的感觉就好。

不仅是公司层面的人际关系，对朋友也一样。爱操心、对自己没有自信的人，往往无法确定什么是正确答案，所以对事物的整体印象模糊，看不清未来，他们有时候只是条件反射般地说"不行"。如果你觉得你已经遇到这类"否定大臣"了，那就尽量详细地解释你的想法吧。

目的性过强的"否定大臣"往往是在自己有明确的爱好和坚定信念的基础上说"不行"，所以他们更难对付。假设对方不是对内容，而是对你本人持否定态度，那么即使你改变话题，努力向对方靠拢，他也很难对你说"好的"。

**想要改变现状，就需要单刀直入地询问对方否定的理由，仅此而已。**

如果对方确实没有明确的理由，那么或许他会承认自己确实言重了，并改变自己的态度。相反，如果对方明确表示"我就是讨厌你"，那这又何尝不是一个和他分道扬镳的好机会呢？

| | |
|---|---|
| **角色名** | 否定大臣 |
| **属性** | 领导、前辈、朋友 |
| **出没地** | 公司、家附近 |
| **遭遇等级** | ☆ ☆ ☆ ☆ |
| **特技** | 全凭一个 "不行" |
| **重点** | 不要用否定对抗否定 |
| **攻略难易度** | ☆ ☆ ☆ |

# 没有指令就不行动的"慢半拍人"

## 不能让他永远等待指令

大多数等待指令的人都有一个共同点，那就是对自己的行为没有自信，如果自己做错了事就会拼命逃避责任。总之，因为不想失败，不想自己受到伤害，所以在得到别人的许可或指令之前不会采取行动。

与其说他们不行动，不如说他们是不能行动。消极的性格、以自己为重、尽量规避风险是"慢半拍人"的特征，而性格强势的人和自信的人绝对不会成为这样的人。

另外，一个人变成"慢半拍人"有时也不是因为个性，而是由于过去犯过错。因为他们不想重蹈覆辙，所以不敢再根据自己的判断采取行动。**但不论如何，放任不管永远解决不了问题。**

## 让他逐渐学会做事

如果你的部下或晚辈中有"慢半拍人"，那就努力让他多做一些力所能及的事情吧。

你既不能让他完全听令行事，也不能把所有事情都交给他，所以请把一部分问题交给他让他自行斟酌。通过循序渐进、不断练习、积累成功经验，让他改变并主动采取行动。你也可以给他一些心理安慰，告诉他"做错了也没关系""有什么问题我来承担"。

如果最后他能了解，原来自己做决定也不会惹出什么大乱子，就能获得自信，说不定还能"反客为主"、积极主动地做事呢！想要摘掉"慢半拍人"的帽子，我们需要让他不断尝试。不知不觉间，你的那位被动听指令的下属可能会变成一个积极主动的人。

**除了你身边的下属和晚辈，你的朋友、同事也有可能是"慢半拍人"，即便你们的地位没有高低之分**。在对方感到自己无能为力而焦虑不安之前，我们就应该给他们分配力所能及的任务。

乍一看，我们这是在命令自己的朋友，但是"慢半拍人"本来就消极被动，所以他们不会反感你给他们的指令。倒不如说，比起让他自己思考并采取行动，你更该做的其实是激发出他的潜力，这样你们的协作就会更加顺利。

或许你应该从一开始就积极地下达命令，给他们一个发挥长处的舞台。一旦你的努力改变了现在的状况，你的精神负担就会减轻不少。

呆

| 角色名 | 慢半拍人 |
|---|---|
| 属性 | 下属、同事、晚辈、朋友 |
| 出没地 | 公司、家附近 |
| 遭遇等级 | ☆ ☆ ☆ |
| 特技 | 全力逃避责任 |
| 重点 | 不能放任不管 |
| 攻略难易度 | ☆ ☆ |

# 不懂得预判的"天真太郎"

## 油盐不进的"强敌"

有些人学不会对问题深思熟虑，完全是"乐天派"的态度，对什么都不认真，最终留下一地鸡毛。如果总是这样，那这个人就是百分百的"天真太郎"了，殊不知这样的个性会给很多人带来麻烦，令人伤脑筋。

他们往往一边说着"没关系，没关系"，一边一步步地走向失败。而且即使遭遇失败，他们也毫无悔意，更不会反思，只是在一边嘟嘟囔囔。在他们的字典里，根本没有"教训"这个词。

"天真太郎"大多是即使犯错也不会受到精神上的打击的类型，因此他们不会把失败的经历当作教训或动力来改变自己的想法和生活方式。即便你指出他们的缺点，他们也不会反思，只会觉得你在多管闲事。他们简直"油盐不进"，只会让你愈发焦躁。

对于那些爱操心的人，我们有很多应对的方法，不过我们真的很难教育这群不长记性的人。**因此，"天真太郎"的对付难度相当之高。**

## 告诉对方事实真相吧

首先，请你先想想，眼前这位让你烦恼的"天真太郎"对你来说是不是很重要的人，你是不是真的想要保护他。

**如果你们的关系还没那么要好，甚至你已经想要摆脱他了，那就索性放任自流吧。**如前文所述，对这类人提醒或建议几乎不起作用，多说无益。放任自流反而会让你的精神负担减轻。这就是他的个性，你只能选择接受，也别对他抱有太多幻想，不论跟他一起做什么事，都要做好失败的准备。

另外，**如果你身边的"天真太郎"对你来说十分重要，并且你希望他做出改变，或者他这种吊儿郎当的个性已经给组织和团队带来了极大的负面影响，那么问题就很严重了，你必须全情投入地应对。**

盲目乐观是指即使本身不做任何努力也妄想会有好结果的思维方式。面对盲目乐观的人，你应该挑明这一点并耐心地告诉他最坏的情况，以及为了避免这种情况发生，他应该怎么做。你要不厌其烦地告诉他："你总说有办法，但我看这样下去，我们肯定先倒霉，因为……"

你的下属不好好准备就去做宣讲或参加竞赛，你的孩子成绩一直上不去，却夸口说"我是没努力，努努力一定能考上"……请你把最坏的结果告诉他们吧！

你或许不相信对方的性格会发生彻底的改变，但如果能让对方做最坏的打算，就相当于给了他一个纠正错误想法的机会。

即使不能马上看到结果，也不要放弃，持之以恒最重要。

我觉得还好啦。

| 角色名 | 天真太郎 |
|---|---|
| 属性 | 下属、同事、晚辈、朋友、孩子 |
| 出没地 | 公司、家附近、家里 |
| 遭遇等级 | ☆☆☆☆ |
| 特技 | 听天由命大法 |
| 重点 | 不要问那些不痛不痒的问题 |
| 攻略难易度 | ☆☆☆☆☆ |

# 违约却不自愧的 "不自觉先生"

## 每个人对约定的理解不同

有些人与你约好见面却总要迟到。

他们总告诉你 "我会做的"，其实一动不动。

他们只借钱却从不还钱。

所有规矩对他们来说都是摆设。

各位身边应该有这样的人吧？你脑海中是不是已经浮现出好几张熟悉的面孔？

为什么他们会违背约定呢？

这个问题的答案并不唯一，但总的来说，他们从不会重视约定。而且，他们甚至不懂得应该如何看待约定。下面我来提几个主要原因：

行为自由散漫，轻易答应别人，即便无法守约也没有心理负担——这就是典型的 "不自觉先生"。

## 做好违约的准备

"不自觉先生" 主要是指性格散漫、缺乏责仕感，只是根据当场的气氛或自己的兴趣行事且注意力涣散的人。

因为他们不把约定当回事也不负责任，所以很难通过周围的影响从根本上改变性格。无论人们对他说什么，他都是左耳听，右耳冒。

最好的对策是，从一开始就降低对这个人的期待值。也就是说，做好心理建设等着他违约，或者干脆从一开始就不跟他做任何约定。**既然我们难以改变对方，就只能改变自己。**当对方破坏约定，你会感到焦躁、生气，那是因为你对这个人抱有期待。如果一开始就没有期待，也就不会产生类似的负面情绪了。

我有个朋友，他从不按时赴约。在我们一群朋友当中，他是出了名的"迟到小王子"。他就是"不自觉先生"的典型案例，无论我怎么叮嘱，他每次都迟到。当然，他没有任何恶意。

但是，除了不遵守时间这一点，总体来说，他是个好人，我们没有人真的想要跟他闹掰。当我们把他归入这类角色后，我们就把和 A 的约定时间称为"××时间"（××是 A 的名字）。哪怕是再一板一眼的朋友也会故意迟到一会儿，或者我们会利用等他的这段时间，聊聊事先准备好的话题。

大家也试着这样处理吧！

对不起喽。

| 角色名 | 不自觉先生 |
|---|---|
| 属性 | 同事、下属、朋友、晚辈 |
| 出没地 | 公司、家附近 |
| 遭遇等级 | ☆☆ |
| 特技 | 在做了在做了 |
| 重点 | 不要太期待 |
| 攻略难易度 | ☆☆ |

# 对自己的胡思乱想深信不疑的"自我陶醉君"

## 哪里去找"醒酒药"

有些人沉醉于自己的言行。总体来说，自信者和自恋者都有这种倾向。不过只要他们的自恋仅限于"孤芳自赏"，那其实还没多么糟糕，毕竟他们的行为不会对我们造成影响。

**但麻烦的是，有时这种"醉意"会把周围的人都卷进来。**比如，有的领导会让你把他异想天开的计划付诸实践；再如，你和朋友一起去兜风，结果他强行改变目的地。你是否有过被"自我陶醉君"牵着鼻子走的经历？

他们没有意识到自己正在无理取闹，即使发觉，也会坚信"无理取闹才更精彩"，因此他们对自己不会有丝毫的怀疑。

对他们来说，重要的是自己的方案能够当场被采纳。他们才懒得考虑什么后果呢！

## 有时你需要一场"豪赌"

那么，当对方无理取闹时，我们该如何应对呢？

一般情况下，我们可以选择否定、拒绝，不让他们如愿。

但是，**在此我想提出的应对策略是"赌一把"，因为不一**

定所有的事情都会失败。

"自我陶醉君"瞬间的想法和决断就像赌博一样。乍一看荒唐无稽、支离破碎的创意，一旦尝试可能发现其实很有趣，有时还会取得意想不到的成功。只要有可能性，我们就应该赌一把，而不应该消极看待。

虽然不可能每次都"中大奖"，而且他们的异想天开有时候也会让我们很恼火，但只要他们能够偶尔灵光一现，来个"绝地反击"，我们就应该接受他们。

如果你和"自我陶醉君"并不在同一个团队或组织，而是一对一的关系，**比如恋人关系，我们就可以从整体上判断其策略是否可行。**

哪怕对方五次异想天开，让你受四次折腾，只有一次让你发自内心的喜悦，但只要这一次喜悦对你来说是有意义的，或者是在可以接受的范围内的，那么就应该让对方随心所欲地去做，这样也能维持你们的关系。因为既然你们还在交往，对方身上肯定有吸引你的地方。

如果被牵着鼻子走只会让你感到巨大压力和痛苦，那就表示你们天生性格不合，分道扬镳才是明智之举！

你来说说看！

| 角色名 | 自我陶醉君 |
|---|---|
| 属性 | 领导、前辈、朋友、恋人 |
| 出没地 | 公司、家附近 |
| 遭遇等级 | ☆☆ |
| 特技 | "你去试试嘛" |
| 重点 | 不要完全否定他的异想天开 |
| 攻略难易度 | ☆☆ |

# 总觉得有人会帮他的 "累赘分子"

## 性格原因还是有意为之

这类"烦人精"同样不愿意主动采取行动，这一点与前文中提到的"慢半拍人"极其类似，但性质却大不相同。如果说"慢半拍人"是回避型，那么"累赘分子"就是依赖型。他们的特征是过度依赖他人并听从他人的意见。

用专业的说法说，这种性质相当于依赖型人格障碍。他们往往缺乏自信，常能感到强烈的不安，而且天生顺从。**只要你不要求，"累赘分子"就什么都不会做**。在三五知己决定旅行目的地，或者闺蜜之间挑选合适聚会的饭店时，他们从不会提出什么建设性意见或者惊人的好主意。虽然他们本人没有任何恶意，但会让周围的人觉得他们既不配合又不可靠。

而且，更麻烦的类型是故意什么都不做的"累赘分子"。比如想偷懒而不打扫教室的同学；尽量不对工作负责的同事……想必大家身边也有一两个这样的人吧？

这类人明明什么都不做，却总喜欢对人挑三拣四，实在让人受不了。因此，我们有必要好好"对付"他们。

## 不论何种类型，都要主动下令

有依赖倾向的"累赘分子"虽然很麻烦，却也相对容易应对。如果是那种习惯拜托别人处理一切的人，换个角度看，这类人其实很能听人劝。

大多数性格顺从的人都害怕被别人抛弃，所以一定要注意说话方式和相处方式，不要伤害他们，也不要让他们感到不安。如果我们直接跟他们说"我希望你做这个""你再多表现一下"，或许他们会改变自己的想法。到时候，他们也有可能会认真地听你的指令并主动采取行动。

最重要的是**主动伸出援助之手，帮助他们摆脱依赖体质**。

另外，对于故意什么都不做的"累赘分子"，我们应该毫不顾忌地指责他们。如果他们已经扰乱了班级、公司等组织或团队的正常运行，或是影响全体员工的积极性，就应该把一切都挑明。这类人明明知道自己有错，并且不是天生的恶棍，但总觉得"只要不被发现就好""既然被人家批评了，那就好好干吧"，总要这样的小聪明。因此，如果严厉批评他们，（至少暂时）他们就会有改变态度的倾向。

办法只有一个，如果你遇到了故意什么都不做类型的人，就严厉地责备他们吧！

| 角色名 | 累赘分子 |
|---|---|
| 属性 | 朋友、同班同学、同事 |
| 出没地 | 家附近、学校、公司 |
| 遭遇等级 | ☆ ☆ ☆ |
| 特技 | "敌" 动我不动 |
| 重点 | 不能置之不理 |
| 攻略难易度 | ☆ ☆ ☆ ☆ |

# 总喜欢找借口的"总有理人"

## 全力以赴找借口其实是一种浪费

有些人在没能守约、犯了错误或者做不出任何成果的时候，总喜欢找各种借口。

"我肚子疼。"

"我没想到客户能提那么高的要求。"

"谁能想到会下雨呢？"

他们可能是你的闺蜜、朋友、晚辈、下属……各位应该都遇到过这种爱找借口的人吧？

哪怕是给他人（我们）或者团队添麻烦，"总有理人"也不愿意赔礼道歉，更不愿意替人着想，而是油嘴滑舌地编造理由找借口。很多人都对"总有理人"的花言巧语和态度深恶痛绝。

他们的特点用一个词来形容，那就是"不负责"。如果有不可抗力之类的客观理由，他们就会把自己当成受害者。他们的所有解释其实都是为了逃避责任。**难道他们就不能把这股找借口的劲儿用在工作上吗？很遗憾，不能。**

## 或许他是个隐藏高手

喜欢找借口的人往往有一个共同点，那就是喜欢明哲保身，缺乏责任感。虽然只是找借口，但也要做到言之有理才能得到原谅，因此这些喜欢找借口的人大都头脑灵活。换言之，只要我们晓之以理，就能向他们传递自己的主张。

在我们彻底放弃"总有理人"之前，**至少应该给他们一个机会，看看他们到底是在信口胡说，还是真的没发挥实力**。因为有时候他们真的是因为性格问题，才养成了不肯卖力的习惯。

虽然他们自己认为"只要认真就能做到"，但实际上他们并没有做到。那么我们就应该找到背后的原因：到底是因为其能力不足，还是缺乏认真的态度。

虽然这样的试探有点儿狡猾，**但最有效的方法是故意制造出众目睽睽、无法辩解的状况，逼迫"总有理人"完成任务**。这样一来，他们就会拿出真正的实力了，而且说不定还能发挥出无穷的潜力呢！有些"总有理人"就是因为类似的经历而彻底改变的。

另外，有时候我们也会惊奇地发现，听起来像是借口的事情，其实是真的。并且，如果对方做的并不能让你满意的话，你也叫以故意告诉对方"其实我对你很期待"，促使对方提高责任感和认真度。

　　如果对方还只是一味地找借口，那就应该放弃。不让对方承担责任，从某种角度来说，这对你自己也有好处。

我这样做也是有原因的……

| 角色名 | 总有理人 |
| --- | --- |
| 属性 | 朋友、闺蜜、晚辈、下属 |
| 出没地 | 家附近、公司 |
| 遭遇等级 | ☆ ☆ ☆ ☆ |
| 特技 | 连续编故事 |
| 重点 | 不能 100% 相信他们的借口 |
| 攻略难易度 | ☆ ☆ ☆ ☆ |

# 把"走为上计"当作人生格言的"跑路怪"

## 归根结底还是想要为自己谋利

有些人一遇到重要的任务就会尽可能逃避。他们很会耍心机，总要让自己活得更轻松。不论任何时代，任何地方都有这样的人。尤其是在工作以外，和金钱、努力没有直接联系的方面，这类人的特性更加暴露无遗。比如，公司兼职项目经理或者在公司酒会上的临时服务员，类似这种"吃力不讨好"的角色，"跑路怪"是绝对不会"友情客串"的。

**这种尽量避免"吃力不讨好"的人，从某种意义上来说，其实也是在给自己"谋福利"**。他们不想辛苦，不想勉强，做什么事都力求"节能"。这绝不是坏事，我们也不能责备他们的这种特性。如果一个人一直勉强自己，结果损害了身心健康，那就得不偿失了，人就应该尽量活得没有压力。

但是，如果一个人的行为给他人带来了麻烦，或者侵害了他人的利益，那就另当别论了。即便是"跑路怪"也要担负起自己的一份责任。

# 没有非 0 即 100 的情况

如果你身边的 "跑路怪" 已经给周围人带来了麻烦，那么你可以用两种方法应对。

**第一种应对方法是设定规则，无论多么琐碎的事情都没关系，让团队的所有成员都担任某个角色。**如果有人必须做事，有人却可以不做，那么这种非 0 即 100 的极端差距会让大家觉得很不公平，因此**一定要确保没有人 "付出值为 0"**。

不要只给特定的人增加负担，要让所有人都付出劳动，哪怕是最基本的劳动，这样 "跑路怪" 也难以逃避责任。

认为逃避就是胜利的人一旦无处可逃，就会立刻放弃，即使稍有抱怨，也会坚持完成。

**第二种应对方法是主动问 "跑路怪" 能做什么、想做什么。**他们一般都会以时间、能力、适应性等为理由强调自己做不到，而我们就要接着问他们怎样才能做到。通过提问，他们可能会想到自己感兴趣的事情或自己时间上允许的事情，最终告诉你 "我能做到"。

想要让全员满意其实是很难的，我们能做到的只有妥协和折中。

**想要让 "跑路怪" 动起来，我们就要让他们做一些不至于让其感到厌烦的工作。**

先走一步喽！

| 角色名 | 跑路怪 |
|---|---|
| 属性 | 朋友、闺蜜、同事、晚辈 |
| 出没地 | 家附近、公司 |
| 遭遇等级 | ☆ ☆ ☆ ☆ ☆ |
| 特技 | 瞬间隐身术 |
| 重点 | 拜托他但不给他负担 |
| 攻略难易度 | ☆ ☆ |

# 一开会就说个没完的"效率逆行者"

## 受不安影响难下决断

"我们再花点儿时间，或许能想到更好的办法。"

"我们还需要再讨论讨论，大家都说说各自的意见。"

这是很多领导和管理层的口头禅，他们经常会把一场会议拖得很长。如果真的能提出全票通过的好方案，那么这样也无可厚非。**但"效率逆行者"根本不能做出"再谈下去只能影响效率，今天会议到此结束"的判断**。他们脑子里想的是"量高于质"。哪怕明显地浪费时间，也要把会议拉长，这样他们才会感到满足。

不仅是公司的会议，还包括家长会、运动队的赛前会议等，也会遇到同样的情况。

那些总想延长会议时长的人，总是感到不安。因为他们深信"简单下决定会产生不好的结果""必须做最坏的打算"，所以不论多久他们都不能下结论。

## 会议也要守规则

**我建议在会议前就确定会议时间（时长）。**是的，这就够了。哪怕最后还是得不到全体成员都满意的结果，但是只要到达时限，就必须结束会议。这样一来，"效率逆行者"也只能遵守约定了。

而且，**我们也可以设定每人发言的次数和时长，这样就能高效地利用时间了**。不给"效率逆行者"限定时限，他们就会无止境地浪费时间。因此，只有制定好规则，他们才不敢明目张胆地乱来。

但要注意，不能把会议时间设定得太长，否则他们肯定会把时间全都用掉才散会。

另外，**我们可以努力让全员对会议目的达成共识**。是必须得出 100% 的结论？还是只要确定大致的目标和方向？只要明确了这一点，就能避免浪费时间。如果是后者的话，我们就可以用"关于后续安排，我们下次再讨论"来做结尾。

但比较麻烦的状况是，组织会议的领导缺乏判断企划和创意好坏的能力。在这种情况下，不管你想出了多么好的创意，他们还是会再三追问"还有没有"，他们很难高效地利用时间。如果是这样，那么我只能建议你采取一些"自卫策略"，比如左耳听右耳冒，或者边开会边做点儿小动作来消磨时间吧！

我还得再想想……

| 角色名 | 效率逆行者 |
|---|---|
| 属性 | 领导、闺蜜 |
| 出没地 | 公司、家附近 |
| 遭遇等级 | ☆☆☆☆☆ |
| 特技 | "再来点儿"迫击炮 |
| 重点 | 尽量别让会议自由度太高 |
| 攻略难易度 | ☆☆☆ |

# 总喜欢催促别人的"时间吝啬鬼"

## 无关截止日期，催促绝不能少

无论是在商务场合还是在私人生活中，我们都遇到过必须赶在截止日期前完成某事的经历。大多数人都会严格遵守规定的截止日期，有计划地完成任务。

截止日期其实就是一种和对方的约定。在截止日期到来之前完成工作或交货，会令我们感到欣喜，但这不过是暂时的。实际情况是，即使时间紧迫，只要来得及也就没有问题。

不过世界上总有些人频繁地确认进度或者不断地催促别人，让周围的气氛变得极为紧张。

这就是"时间吝啬鬼"。即便你能够按照规定完成任务，这类人也会着急忙慌地催促你。

"时间吝啬鬼"往往脾气火爆，而且容易感到焦虑不安，他们也有以自我为中心的时候。比起服务集体，他们更在意自己的利益，他们没有考虑对方（我们）的习惯。社会上有很多这样的人。

## 解决策略——"先下手为强"

各位身边的"时间吝啬鬼"往往都是和你交情深厚的人。你越是跟他交往，就越会发现他就是这种性格。

反过来说，因为你对他已经很了解了，所以我们更容易制定对策。我们如果能设想到在什么情况下，对方会怎么说，就能做到先下手为强，趁你设想的情况还没发生就解决一切。"时间吝啬鬼"往往心怀不安，**所以首先要考虑的是如何消除他们的不安情绪**。最好的办法就是趁他来催促之前，先向他报告进度。

"虽然最后期限是后天，但我今天就已经完成了，所以不用担心"这句话可以消除对方的不安和焦虑，这样他就不会老是催你了。

如果对方是你的家人、好友或者你们关系十分亲密的话，你就可以直接告诉对方"别催了，你再催我只能帮倒忙"，这也很有效果。正因为你了解对方的性格，所以才敢于指出对方的缺点。

这样一来，双方之间的沟通就会变得顺畅，也不会再互相"惦记"了。

还没好吗?
快点儿!

| 角色名 | 时间吝啬鬼 |
|---|---|
| 属性 | 客户、领导、家人 |
| 出没地 | 公司、家附近 |
| 遭遇等级 | ☆☆☆ |
| 特技 | 一直催催催 |
| 重点 | 不要故意让他着急 |
| 攻略难易度 | ☆☆☆ |

# 总犯错误还拉人下水的 "麻烦制造机"

## 人人都会犯错

人人都会犯错。无论多么优秀的人都不可能做到完美，有时仍会发生不可避免的错误。

我的明天属于自己而不属于别人。
错误是一定会发生的。

如果平时有这样的认识，就能对他人的失误采取宽容的态度。一味地责备犯错的人，绝对不是具有建设性的行为。

其中最让人头疼的就是反复犯错的人。他们不仅犯错，还会因为自己的错误把周围的人卷入麻烦的事情当中，他们就是所谓的 "麻烦制造机"。"又来了""到底在干什么"，他们总让我们十分焦躁。

**我希望各位冷静地分析这种人反复犯错的理由。**"你要用心！""你要认真点！"这样的说法过于严厉，而且对方也不会因此做出什么改变。

所以不论是为了他们还是为了自己，我们都要想办法减少其犯错的概率。这才是我们应该关注的。

## 不是能力问题而是环境问题

"麻烦制造机"反复犯错的原因大致可以归纳为"性格"和"能力"两个方面。我们应该先确定原因。

**如果他们本来就是个冒失的人,就不要把所有事情都交给他们,要专门找人在旁边"盯着他们"。**你可以事先委婉地告诉这种人"你之前就在这里出过错,这次一定要注意哦",让他们提高警惕。同时,在工作过程中也要仔细确认他们是否犯错了。当然,他们自然不是故意犯错,所以只要周围人耐心纠错,他们粗心大意的概率就会降低。

**如果我们发现他们反复犯错的原因是能力问题,千万不能认为他们没本事,而是要去关注他们所处的环境能不能让他们发挥能力。**犯错当然是犯错者本人的责任,但也有可能是没有掌握本应掌握的技能,或者组织内架构和职责分配本身就存在问题。

如果了解了他们犯错的原因,就可以再跟他们讲一讲工作的方法和顺序,或者重新审视组织内的工作流程和方案,从而改善状况,其实这就是逐步摆脱"麻烦制造机"的过程。

从积极的角度来看,犯错意味着还有成长的空间。我们其实更该抓住机遇,争取改变现状。

我错了，是我不好。

| 角色名 | 麻烦制造机 |
|---|---|
| 属性 | 下属、朋友 |
| 出没地 | 公司、家附近 |
| 遭遇等级 | ☆☆ |
| 特技 | 又又又错了 |
| 重点 | 不要严厉地批评他 |
| 攻略难易度 | ☆☆☆ |

# 左右为难优柔寡断的"寡断宝宝"

## 不安和消极思考是元凶

各位是否有过这样的经历？有时候，如果某人不能下决定，工作就无法推进。尽管如此，他还是迟迟没有定论。结果周围人的焦虑情绪和压力也越来越大。

例如，在分配工作时，有的同事总是不能明确地告诉领导自己的想法。或者，在集体去吃午饭的时候，你的朋友半天都没想好自己要吃什么。一个团队，大多数人都能很快地做出决定，但总有个"寡断宝宝"耽误所有人的进度，这就是一个比较典型的案例。

遇到这样的情况，**我们一定要快点儿停下来，首先要做的就是深呼吸，努力让心情平静下来，理解"寡断宝宝"的心情。**

没有决断力的人的共同点是对自己没有自信且思想消极。因为不能马上判断哪个更好或最好，所以他们做选择往往要花很多时间。他们总是惴惴不安，总想着"如果我选错了怎么办"，因此无法快速地做出决定。

## 有时间的话就再等等

如果时间还很充裕，且能保障不会因为"寡断宝宝"选择错误而遭受重大损失，那就先把我们的"焦虑开关"关掉，耐心等待吧！如果你一开始就知道对方是这种人，就尽量多给他留点儿做选择的时间吧！如果一切都在意料之中，你也不必过分焦虑。

但是如果时间不够充裕，或者迟迟不能决断会让大家遭受损失，就不要再等他了。**因为无论是对你自己，还是对周围的伙伴，或者对"寡断宝宝"本人来说，毫无意义地浪费时间都没有任何意义。如果确实如此，就有必要从宽容模式转变为支持模式。**

我们可以试着问他为什么犹豫，缩小他的选择范围，或者提出"这个可能更好"之类的建议。在这种情况下，**比起了解他的判断是否妥当，更重要的是让对方理解拖延决断可能带来的负面影响。**有人说过"世界上 90% 的不安都来自毫无必要的思考"，所以或许我们只要讲一些激励他的话就好了，比如"总会有办法""应该没问题"。

关键时刻你可以替他做选择，如果结果不好，你就再和他商量一下，总之要做到宽容、体贴。

到底该怎么办呢?

| 角色名 | 寡断宝宝 |
|---|---|
| 属性 | 同事、朋友 |
| 出没地 | 公司、家附近 |
| 遭遇等级 | ☆☆☆ |
| 特技 | 选择困难症 |
| 重点 | 不要让他太着急 |
| 攻略难易度 | ☆☆☆ |

# 总把自己的规矩强压给别人的 "唯我虫"

## 我们都以自我为中心

每个人出生的地方、时代、成长的环境、与生俱来的性格、养成的价值观都各不相同，每个人都有自己的特点，真可谓千人千面、各不相同。

反过来说，想要 100% 迎合他人是不可能的。换言之，每个人其实都是以自我为中心的。

重要的是，以自我为中心的部分要表现到什么程度，又要隐藏到什么程度？每个人都有自己的坚持，有绝不让步的时候，但为了与他人保持联系，为了生活得顺利，我们也会根据情况选择忍耐或保留意见。因为一旦掌握不好分寸，人际关系就会变得相当不和谐。

但是，其中也有些 "唯我虫" 完全不信这一套。**他们的特征是，价值观和视野都很窄，不愿意承认多样性，总是自以为是。**因为缺乏与他人妥协的精神，所以他们永远学不会 "退一步海阔天空" 的道理。如果只是不认可对方的想法和价值观也无伤大雅，但把自己的规则强加给对方就有些不可理喻了。

公司的领导、同事，以及朋友和家人都可能是 "唯我虫"，我们到底该怎样跟他们相处呢？

## 不是为了他，而是为了自己

首先请各位记住一个大前提，**那就是"唯我虫"的种种行为往往不是为了对方，而是为了自己。**

例如，有的领导常常对下属（你）说"我都是为了你好"，看到下属按照指示完成工作就很满足。他们嘴上说的是为了你，但实际上还是为了他们自己。

另外，"唯我虫"最不擅长按大多数意见行动。好朋友们一起去游乐园的时候，虽然几乎所有人都说"我们玩 A 游乐设施吧"，但是"唯我虫"肯定不会听大家的意见，说"B 才好玩嘛"，而且他们还会强行把所有人都带到 B 设施去才肯罢休。

让"唯我虫"认识到"自己的想法是错的"是极其困难的，**所以首先考虑一下能否找到妥协点。**尤其当对方是领导时，反驳简直是"地狱级"难度。所以我们的最佳策略就是，**找到自己能够忍耐的临界点，**不要让对方为所欲为。

如果与对方处于平等的地位，就要明确表达"我要按照我的想法做选择"。

**想让"唯我虫"理解我们的主张其实很难，如果实在意见相左，倒不如划清界限。**

一定要按顺序做。

| 角色名 | 唯我虫 |
|---|---|
| 属性 | 领导、同事、朋友、家人 |
| 出没地 | 公司、家附近、家里 |
| 遭遇等级 | ☆ ☆ |
| 特技 | 高压干涉 |
| 重点 | 不要让他随心所欲 |
| 攻略难易度 | ☆ ☆ ☆ ☆ |

# 言行不一，变化多端的"变脸怪"

## 为什么不能单方面责备

昨天你不是这样说的！

我说过这种话吗？

各位在和人沟通时，一定有过类似的经历吧？与其说他们不遵守约定，不如说我们的主张和决定在不知不觉中被他们"清零"了。

"变脸怪"完全不顾及我们的感受，他们的言行总是变了又变。

另外，有时候他们前一秒还满面春光，下一秒就"晴转多云"了。我们根本不知道他们的心情为什么会有如此强烈的变化，简直让人摸不着头脑。

在此我想告诉大家两点。

其一，**不能一味地责备"变脸怪"**。人很难在自己的想法和方针上保持一贯性，无论是谁，或多或少都会有言行不一的时候。

谁都有转变方针和改变意见的时候，我们要在一定程度上理解对方。

其二，**对自己诚实的人更容易变成"变脸怪"。**

所言前后有差别，很有可能只是直接说出了当时的想法，句句都是实话，这一点必须给予肯定。这远比那些用心险恶，或者只顾自己便利而言行不一的人善良多了。

## 不给彼此造成精神负担

**我推荐的应对方法是，不管对方是谁，都要确认他们改变心意或者前后矛盾的理由。这是唯一的选择。**

如果只是纠结对方言行不一，那么我们会感到心情压抑，留下难解的郁闷。但是，如果能从对方那里问出一些理由，不管你是否接受，都能大大减轻压力。

**确认理由时需要注意的是，不要责备对方，不要反驳对方，也不要一味地发泄自己的不满，而要主动选择平静的语气，以平视的态度面对他们。**如果对方是领导等长辈的话，就不太好开口了。不过我们可以简单地问对方"您是要重新调整优先级吗？还是要改变策略？"这样他们就不会觉得气氛紧张了。或许这样你和他们的沟通就会顺利许多。

好的!
没问题!

绝对不行!

| 角色名 | 变脸怪 |
| --- | --- |
| 属性 | 领导、同事、朋友、家人 |
| 出没地 | 公司、家附近、家里 |
| 遭遇等级 | ☆ ☆ ☆ |
| 特技 | 看我七十二变 |
| 重点 | 不要一味地抱怨变化和矛盾 |
| 攻略难易度 | ☆ ☆ ☆ |

# 不肯听人解释的"过江聋人"

## 不会倾听和不愿倾听

如果你已经反复说明，但对方却突然来了一句"你刚才说什么来着"，这真让人气不打一处来。哪怕你们聊的内容并不重要，或者只是闲谈而已，但若是被置若罔闻，心情也不会好。

对于有意和对方好好交流的人来说，这是完全无法理解的行为。但毫无疑问的是，这种根本不听对方说话的人确实存在。

面对这种人，真想吐槽一句："你从一开始就根本没有认真听吧？"

这就是典型的"过江聋人"了！

导致他们不认真听人说话的理由有很多，比如注意力不集中，自由散漫；或者对不感兴趣的话题充耳不闻；再或者就是根本瞧不起别人，干脆从一开始聊天就心不在焉。

同时，我们要注意他们到底是**因为性格原因而不会倾听，还是有意地不去倾听**。后者的态度往往居高临下且带有攻击性，所以很容易辨认。而两者的应对措施各不相同，这点尤其要注意。

## 不同类型用不同的应对策略

如果对方真的不会倾听，那么无论我们再怎么生气，都不能随意发火。先让自己的心情平静下来，努力走进他的内心吧！要知道，对方只是不擅长倾听，并不是故意"装聋作哑"，更没有一丝恶意。如果能想到这一点，你也就能理解对方了。

有时候以书面形式传情达意也是很好的选择。所以我们也可以选择发邮件或者给对方留一张纸条。总之，**要在口头说明的基础上，对该信息进行文字补充**。只要这样做，对方对信息的理解程度便会有飞跃性的提高，你所感受到的压力也会瞬间减轻。

但是，**如果对方根本不愿意倾听，那么情况就大不相同了**。因为他们从一开始就在装聋作哑，所以不管你怎么提醒，**他们也不会在意**。这种人本来就是不适合集体社会的类型，所以我们可以跟他们保持距离。但如果有意继续交往的话，就姑且让他们随心所欲吧！然后我们就等他因为装聋作哑而倒霉的那天吧！

**他们心灰意冷的时候，正是我们开导他们的最佳时机。**

虽然这不是一件简单的事情，但还是请你思路清晰地指出他的问题，让他"洗心革面"吧！

先听我说!

| 角色名 | 过江聋人 |
|---|---|
| 属性 | 领导、前辈、朋友、家人 |
| 出没地 | 公司、家附近、家里 |
| 遭遇等级 | ☆ ☆ ☆ |
| 特技 | 左耳进右耳出 |
| 重点 | 不要突然冲他发火 |
| 攻略难易度 | ☆ ☆ ☆ ☆ |

# [SNS] 当着人面只顾玩手机的"空壳人"

## 下意识地刷社交软件

在四目相对的同时进行交流是人类沟通的基本方式。确实有因为极度害羞而移开视线的人，但说话时不看对方总是不礼貌的。如果有人不看着你说话，那你肯定心情不好。

但是，近年来越来越多的人习惯了说话时不看别人的眼睛。他们不会认真地跟你聊天，而是盯着手机若有所思，这就是典型的"空壳人"。

即使你说得口沫横飞，得到的也只是"嗯，嗯"的敷衍。你和他们永远隔着一道门帘，你也总是担心对方到底能不能将你说的话听进去。时间一长，你早晚会怒火中烧。

"空壳人"总是关注社交媒体上的新闻和图片，这是他们的生活习惯，**但他们中有些人之所以如此依赖社交媒体，其实是怕跟不上潮流而被别人孤立。总之，他们对社交媒体上发生的新鲜事特别在意。**

不懂得 TPO 原则 ① 的、不能集中精力做眼前事情的人以及

---

① TPO 原则指的是着装要考虑到"时间"（time）、"地点"（place）、"场合"（occasion）。——译者注

经常心不在焉的人都更容易成为"空壳人",一天 24 个小时,他们总会下意识地刷手机。下面我就来教大家如何应对他们。

## 让对方给出令人信服的理由

最需要注意的是,对方有可能是出于某种理由,才一个劲儿地玩手机的。所以不要单方面地苛责或提醒他们。也不能大发雷霆地喊一句"听我说",说不定人家正在查询跟你聊天内容相关的知识呢。

因此,我们首先应该不带恶意地问他"你在看什么""你要查什么"。如果得到了令人满意的回答,你烦躁的情绪就会平息下来。或者,你也可以半开玩笑地说"玩手机之前,不先理我一下吗",这样气氛就不会变坏。

**如果对方没有什么一定要看手机的理由,就请直接告诉对方"请你认真听我说"。**

这时,不要说教式地抱怨"你怎么老玩手机啊",或者说"你刚才肯定没听清我在说什么(笑)",要注意,你不能句句话都带"刺儿"。我想大多数的情况下他们都是没有恶意的,所以请尽量以宽容的心来对待他们吧!

**如果即使这样对方也毫无改意,那就只能使用严厉的语言来提醒他们了。**你要告诉对方这是不礼貌的行为,对其说"如果你被别人如此对待,你心情能好吗?"我认为这就是最有效的方法。

| | |
|---|---|
| **角色名** | 空壳人 |
| **属性** | 朋友、同事 |
| **出没地** | 家附近、公司 |
| **遭遇等级** | ☆ ☆ ☆ ☆ |
| **特技** | "你在说什么？" |
| **重点** | 不要单方面认为他无礼 |
| **攻略难易度** | ☆ ☆ |

# SNS 总是逼着人家回复的 "回复狂"

## 已读不回……

社交媒体既方便又有趣，但有时也会让人觉得很麻烦。其中一个典型的例子就是，朋友间用社交软件聊天或评论某个事件的时候，很难找到合适的时间结束。

因为已读不回多少有些尴尬，所以聊到最后总要多发一句 "嗯嗯，咱们下次聊"，而对方也会回复一句，结果你一句我一句（相互回复）根本没有尽头，真的令人头疼……相信每个人都有过这样的经历。

人们不可能从文字中读出对方想要结束话题的心情，所以就半强制地拉着人家继续聊——大多数 "回复狂" 总是以自我为中心。**他们不会觉得自己已经占用了对方的宝贵时间，甚至给对方造成了心理负担**，他们认为回复是理所当然的，不回复才是失礼。"回复狂" 基本上都是爱管闲事的类型，所以就算一段聊天已经结束，在短时间内他们又会重新联络。

因为他们不会考虑对方处于什么状态，所以不管人家是在开会还是在开车，他总会发一句 "我等你回复"，甚至还会再发一遍。

## 不要速战速决，而要花时间解决问题

对方能积极主动地联系你，至少代表他对你怀有好意和兴趣。如果对方根本瞧不起你，又怎么会着急让你回复呢？

那么把自己的真实想法告诉对方，对方就能理解你了吗？我觉得不太可能。恕我直言，"回复狂"的性格很强势，甚至有些刚愎自用。哪怕你比他还强硬，告诉他"我要按照我的规矩来""那是我的自由"，他的态度也不会改变，反而会觉得"你才是最自私的人"，索性将错就错。

我本应该给各位传授一下与此种人打交道的方法，但是应对"回复狂"非常困难，实不相瞒，我没有什么"一击制胜"的方法。

**我们能做的只有保持朴实、诚恳。**告诉对方"我太忙了，没能马上回复，之后又忘记了，希望你能原谅"，或者向对方道歉"不好意思，回复晚了"。久而久之，**你们之间就有了距离。**

因为"回复狂"总是更关注那些主动关心他的人，所以只要逐渐减少联络频率，保持距离的话，他交往的重心就会转移到他人身上。

| 角色名 | 回复狂 |
| --- | --- |
| 属性 | 朋友 |
| 出没地 | 网上 |
| 遭遇等级 | ☆☆☆ |
| 特技 | 请"秒回"我 |
| 重点 | 态度不能太强硬 |
| 攻略难易度 | ☆☆☆☆☆ |

第4章

# 侵害型 "烦人精" 的应对方法

# 随时爆发的"喷火大魔王"

## 生气一定有理由

虽然程度不同，但世界上有很多容易发怒的人。他们忽而愤怒异常，忽而一言不发，忽而挖苦抱怨，忽而暴跳如雷。我们不了解他们的想法，并且因为他们到底为什么会瞬间爆炸而困惑。

这类"**喷火大魔王**"**从来不关心周围人的看法，他们总觉得除了自己，别人都是错的**。他们本身就是急性子，再加上不会承认自己的错误，导致他们从来不自责，只指责别人，埋怨外物，精神科医生将这种特性称为"外罚性"。

**即使你无法理解、无法接受"喷火大魔王"的这种行为，也请你先选择"冷处理"。**

他们本身就容易急躁，如果我们也用急躁的态度回应，或是摆出气势汹汹的态度，就会适得其反。这不仅解决不了任何问题，还可能招致双方更大的不快。

人们产生愤怒的情绪，背后必然有一段隐情。我们首先要做的就是找出愤怒背后的原因。

## 一定要先冷静

人发怒的原因多种多样，但大致可以分为两种，一种是由于自己的性格，另一种是由于对方的言行举止。一个"愤怒沸点"很低的人会因为一些无聊的小事而大发雷霆，但也有可能是我们的言行激怒了对方。因此，不同原因的愤怒也有不同的应对策略。

**如果是前者的话，就一定要和"喷火大魔王"保持距离。如果一定要维系关系，那至少也应该拉开心理距离。**

他们会因为一点儿小事就向周围人发火，而且我们根本无法控制他们。因此，明智的做法是理解"这是对方的问题""他就是那种人"，不要火上浇油，得过且过方为上策。

我们其实也可以放自己一马，告诉自己"我看这人应该是缺钙①""他这性格肯定要吃亏"。

**如果可以断绝关系，就应该保持物理上的距离。**尽量不要和他产生关系，这无疑是最能减轻你压力的手段。

**而如果对方生气的原因是后者，那么我们肯定会想"这么点儿小事，至于那么生气吗？"而我建议各位"成熟"一点，退一步海阔天空。**既然你已经知道"我这句话是他的'忌讳'"，那就可以主动道歉或退让，让事态尽早平息。

---

① 营养学家认为，缺钙的人脾气暴躁。

气死我啦！

| 角色名 | 喷火大魔王 |
|---|---|
| 属性 | 朋友、同事、家人 |
| 出没地 | 家附近、公司、家里 |
| 遭遇等级 | ☆ ☆ ☆ ☆ |
| 特技 | 瞬间"爆炸" |
| 重点 | 不能跟他发脾气 |
| 攻略难易度 | ☆ ☆ ☆ ☆ |

# 总爱欺负别人的 "小恶霸"

## 欺负人也分等级

　　我想大家可能会遇到这样的情况：和亲密的朋友聊得很起劲的时候，忽然发现有人开始盯着某个人挖苦。挖苦的内容包括对方的性格、容貌、口头禅、过去的失败经历等，而挖苦的目的不过是博大家一笑。这时如果场面热烈的话，"小恶霸" 就会更加起劲。

　　挖苦人的一方其实并无恶意，而且也不觉得被挖苦的一方真的能动怒，所以在他们看来这些事情无关紧要。最理想的团队其实是成员之间既能互相理解，也能保持适度的距离。

　　但若是 "小恶霸" 的挖苦和欺负超过了界限，真的伤害到了别人，那么问题的性质就变了。

　　欺人太甚不可放任不管。我们要让 "小恶霸" 知道，他们已经玩得太过火了，要让他们掌握好 "力度"，或者干脆制止他们欺负人的行为。

　　"小恶霸" 之所以让人不快，主要是因为他们缺乏同理心**且自我表现欲强，不擅长察言观色**。很多时候，他们甚至不知道自己已经做得太过分了，如果没有人指出来，他们就无法理解事情的严重性。因此，一群人中一定要有一个人站出来，指出他们的错误。

## 钥匙握在第三方的手中

我们先要区分被欺负的人是你自己还是别人，不同的情况处理方式也不同。

如果你就是被欺负的人，想要跟"小恶霸"当场翻脸，说"不要欺负我"，这其实很难。如果大家关系都很好，为了不破坏气氛，很多人最终选择忍耐。如果你深信欺负你的人并无恶意，就更难开口批评他了。

这时，**你可以和伙伴中的第三人商量**。或许有人替你传话，他也会做出改变。如果对方真的没有恶意，只是开玩笑的话，一定会明白"亲密又不失礼"的道理。

另外，**如果你发现别人被欺负了，而且对方显然已经感到心情不悦，你就该主动指责那个"小恶霸"**。如果你觉得一个人很难搞定这个局面，那么可以找其他的小伙伴帮忙。

总之，如果没有人提醒，情况是无法改善的。而且**如果大家都不表态，而是一起欺负、戏弄一个人，那么你们就都成了"共犯"**。一定要注意，这或许会成为新一轮欺凌的温床。

今天
到底要欺负谁呢?

| 角色名 | 小恶霸 |
|---|---|
| 属性 | 朋友、领导 |
| 出没地 | 家附近、公司 |
| 遭遇等级 | ☆ ☆ ☆ ☆ |
| 特技 | 恶毒机关枪 |
| 重点 | 过分欺凌不可取 |
| 攻略难易度 | ☆ ☆ ☆ |

# 说话不过大脑的"毒舌怪"

## 侵害他人而不自知

进入平成年代（1989 年 1 月 8 日至 2019 年 4 月 30 日），大众已经对"性骚扰"一词十分了解，而如今社会上又出现了各种类型的骚扰。其中比较为人熟知的有职权骚扰、情感骚扰和对孕妇的骚扰。

这些骚扰行为已经发展成了严重的社会问题，越来越多的人深受其害，但如今这股气焰非但没有消解的趋势，反而愈演愈烈。

**这种现象背后的原因主要是，骚扰的一方本身对此不以为意，他们对社会上发生的各类事件漠不关心而且缺乏对他人的同情心。**他们几乎感受不到（甚至完全感受不到）自己其实已经伤害了别人，他们口出恶言而内心毫无波动。

社会上的"毒舌怪"往往是五六十岁的领导，他们的共同点是，虽然时代和社会常识已经发生了变化，但是他们无法修正自己已经固化了的价值观。

如果年轻人像他们那样做，往往是为了博取他们的好感，但常常事与愿违。越是缺乏品位且不懂得察言观色的人就越容易做出类似的荒唐之举。

# 触犯底线索性表明态度

　　如果你感到有人正在骚扰你或者骚扰他人，首先该做的就是分析对方的行为是否可以被原谅，随后再想一想自己和"毒舌怪"的关系（亲疏远近）。

　　即便对方说得有些出格，但至少能让人"入耳"，或者你其实根本不在乎眼前这个人（跟他保持距离），那么在这种情况下，我认为最好的选择是完全忽略此人。即使不能表现得太露骨，至少也应该对其不理不睬。这就是你该有的立场。

　　另外，如果对方所说的话实在不堪入耳，但你们今后还要继续保持和谐的人际关系，那么你就只能当场指出他的错误了。

　　大多数"毒舌怪"都是不自觉的，他们说话从不考虑对方的感受，所以不跟他们实话实说，他们是不会懂得你的感受的。所以不要唉声叹气，也不要忍气吞声，要耐心地告诉他"你这是骚扰行为"，让他们改变态度。

　　如果你实在是不能原谅他们，或者他们的恶语已经给你带来了实打实的伤害，那就要毅然决然地寻找解决问题的方法。这里我推荐委托第三方处理这种问题，比如日本有所谓的"骚扰委员会"，国民可以向其投诉，甚至可以将这种人告上法庭。

你可胖了不少呢！

| 角色名 | 毒舌怪 |
|---|---|
| 属性 | 领导、朋友 |
| 出没地 | 公司、家附近 |
| 遭遇等级 | ☆ ☆ ☆ |
| 特技 | 无礼三连击 |
| 重点 | 不要试图用假笑掩饰 |
| 攻略难易度 | ☆ ☆ ☆ ☆ ☆ |

# 求人办事从不脸红的 "强求君"

## 身心皆强大的对手

各位是否接触过很难缠的售货员，无论你告诉他多少次你不想买，也不需要，对方还是会死皮赖脸地向你推销他的产品。

或者在相亲之后，你根本没看中对方，但对方就是死死地黏着你，总想再约你出去玩。

再或者，你见过那种总喜欢嗲声嗲气地请异性帮忙的女生吗？

这群人仿佛是从漫画书或者电视剧里走出来的一样，但他们就真真切切地生活在现实世界中，他们就是所谓的 "强求君"。他们的脸皮比城墙还厚！如果你不幸被他们 "锁定"，那可就糟了！

先说结论，**"强求君" 的应对难度特别高。他们不考虑别人，而是以自己为先，心理承受能力也比一般人强**。他们大多数都是乐天派和自信派，心里总想着 "车到山前必有路"。

无论你措辞多么严厉，都不会给 "强求君" 造成太大的打击。听了你的批评，他们顶多是 "缓一缓"，之后立刻能够展开下一轮的攻击。**如果遇到这种人，大部分人都会难以招架。**

那么我们就没有任何办法了吗？当然不是。虽然完全不受影响很难，但我们还是有一些对抗"强求君"的有效技巧的，下面我就来告诉各位吧！

## 把他拉进你的主战场

与"强求君"打交道的时候，要先想一想，如何把对方拉进你的主战场。

一般来说，"强求君"总是提出有利于自己的建议，即便你再三否定，他们总能先你一步，找到应对手段。不知不觉间，你就被他们带到了"沟里"。

想要避免发生这种状况，**就要把他们拉入你的主战场。最有效的做法是提出交换条件。**

你可以告诉他们"如果你接受这个条件，我也不是不能答应你"，这样一来，他们的"冲劲"可能就没这么猛了。

当然，如果你根本不想同意"强求君"的请求，那你就要设定一个他们绝对不会答应的条件。这样他们就会放弃纠缠，因为你已经成了他们绝对拿不下的"狠人"。

比如相亲时，有另外一位朋友作陪，我们可以让他"参与"进来。他能帮你扰乱"强求君"的策略，并能给你"打掩护"。

总之，请想尽一切办法，不给"强求君"任何可乘之机。

求你了！　　　　　　　　　　　　　拜托了！

| 角色名 | 强求君 |
| --- | --- |
| 属性 | 客户、朋友 |
| 出没地 | 公司、家附近 |
| 遭遇等级 | ☆☆☆☆ |
| 特技 | 油门踩死向前冲 |
| 重点 | 不要被他掌握谈话的节奏 |
| 攻略难易度 | ☆☆☆☆☆ |

**103**

# 把猥琐当亲密的"厚皮怪"

## 保持适度距离感

人类不能独自生活。家人、朋友、知己、同事……我们的一生之中少不了与这群人相互支持。因为我们离不开他人的协助，所以"身边人"越多越好。

不过，**关系再紧密也要保持一定的距离。成天黏在一起根本不是理想状态。**人与人之间应该保持一定的距离，这样才不会令彼此感到压力大和不快。而且，几乎所有人都会根据对方的性格、与自己的关系、相处时间长短，来调整最佳的心理和物理距离。

但我们偶尔也会遇到那些不习惯这种距离感而与我们过分贴近的人。他们跟我们相处的时间未必很长，关系也没好到能够相互聊聊烦心事的程度，但他们却把你当成了至爱亲朋。而且他们还老是厚颜无耻地跟你提各种要求。如果这种"厚皮怪"来到我们身边，我们该如何对抗呢？

我们不能跟对方保持适当的距离，他们也不懂得体恤我们的感受。只要记住，"厚皮怪"没有恶意就够了。因此，我们在和他们相处的时候一定要记住这个大前提。如果我们不采取任何行动，那么不管过多久，对方都会"靠过来"的。

## 自己不能解决，就让他人出马

**如果你觉得对方是典型的 "厚皮怪"，那就坦诚地告诉对方 "我们距离太近了，这让我很难受"。**

因为对方不理解你的感受，所以还是要把话说明白。

如果对方的性格没那么差，而且理解能力很强的话，也许会马上改变态度。

有时候想着困难，说出来反而轻松。只要把真心话说出来，就有可能解决问题。

另外，如果对方说 "你说什么呢？我们不是铁哥们吗"，完全听不进你的解释，或者 "屡教不改"，那就寻求第三方的帮助吧！

你最好联系一下你和那位 "厚皮怪" 的共同熟人。如果是在公司的话，就找领导或者同事帮忙，如果是私人场合，那就找一位朋友来诉苦吧！

如果因为距离太近而感到困扰，不仅你要表态，还要让第三方指出问题。

这样一来，"厚皮怪" 应该就能面对现实了。如果他还是没有改变，很遗憾，你就只能跟他保持物理上的距离了。

××老妹儿，今天过得咋样啊？

| 角色名 | 厚皮怪 |
|---|---|
| 属性 | 同事、朋友 |
| 出没地 | 公司、家附近 |
| 遭遇等级 | ☆☆ |
| 特技 | 秒速接近 |
| 重点 | 不要勉强在一起 |
| 攻略难易度 | ☆☆☆☆☆ |

# 习惯让人请客的 "吃人怪"

## 不知不觉掏腰包

"请客也是理所当然的",在探讨约会时男生是否应该支付餐费时,我们常能听到这句话,但不同年龄层和性别的价值观有很大差异,根据男女双方个人情况(类型)的不同,得出的结论也会有所不同,因此我们要将这类请客排除在外。

这里要跟各位探讨的是同性之间的团体,或者是公司的几个同事一起去聚餐时的情形。

如果聚会的时候有一位等着你请客的 "吃人怪",那可真让人心烦。

如果一开始已经决定由谁请客,那自然无可非议,但 "吃人怪"却总是想方设法地 "逼迫"别人请客。比如,一到快结账的时候,他们就会觍着脸跟席间年龄最大的那位朋友说 "今天真是谢谢你了",而且时机掌握得特别巧妙。他们摸透了人们的心理,毕竟类似 "我没钱" "我才不会付钱呢"之类的话真的很难说出口。

哪怕是同龄人的聚会,等到结账的时候,他们也会变成 "缩头乌龟",或者辩解道 "我没有零钱了,等下次我把钱破开",次次都想蒙混过关。如果你是那种本身没打算替人结账,但不知不觉间就白白请人吃了一顿饭的人，或者你已经"忍无可忍""难以接受"的时候，就使出一招**"封锁战略"**吧！

## 事前告知和事后指导

**我最推荐的做法是，聚会开始前就让主办者告知全员如何付款。**

"今天我们不看年龄和性别，都是 AA 制哦！"

"这次咱们团队的前辈们多付一点，但年轻人也要付钱哦。咱们20多岁的付2000日元，30多岁的前辈们就付3000日元吧！"

事前立下规矩，"吃人怪"的特技就被你轻松地封住了。或许他也会心甘情愿地付钱吧。

**还有一个手段特别有效，那就是过段时间单独教育一下"吃人怪"。**

"你想想，你将来肯定也得被人逼着请客吧？"

"你要是再不改，以后我们就都把你当成蹭饭的了！"

或许你的一句批评就是他们改变思想和态度的契机。我认为，他们第一次想到"别人都在看着你"的时候，必然会有恍然大悟的感觉。

事实上，有些人看似是"吃人怪"，但实际上他们确实经济不宽裕，参加聚会也是迫不得已，所以你也没必要把付账的规矩定得那么严。

谢谢款待！

| 角色名 | 吃人怪 |
|---|---|
| 属性 | 下属、晚辈 |
| 出没地 | 公司、家附近 |
| 遭遇等级 | ☆☆ |
| 特技 | 打不开的钱包 |
| 重点 | 付款规则要清晰 |
| 攻略难易度 | ☆☆☆ |

# 盛气凌人，高人一等的"傲气超人"

## 自卑藏不住

"显摆"的意思是向他人展示自己的优势，这个词已经很大众化了。这就好比大猩猩为了显示自己的地位，会有"爬跨"行为，而我们人类当然不会真的骑到谁的头上，但有的人会通过比较社会地位、学历、财产、知识、经验、所有物、样貌等来获得满足感。

人群中的"傲气超人"总想人前显贵，压人一头，我们也因他们的种种做派而倍感烦恼。或许人人都有过类似的经历吧？**爱显摆的人都有一个共同特征，那就是自尊心和认同需求强。**虽然大多数"傲气超人"对自己都很自信，但他们中也有一些人在拼命用高傲掩盖自己的自卑。

但不论如何，他们不想比别人差，哪怕那是事实，他们也不会承认。因此，"傲气超人"的特点就是喜欢表现出优越感。**带着反抗到底的执念，对"傲气超人"正面开战绝非上策。**

## 完全肯定也是个办法

对付他们其实很简单。**如果你还能接受"傲气超人"的**

言行，那么你只要把他们的表现当成"幼稚（可爱）"就好了，因此你可以选择完全肯定他们。一句"真棒""厉害了"就是其赖以生存的精神食粮。只要你夸他们，他们就会对你格外友善，或许你们的关系会比原先更好。

虽然夸赞不一定发自真心，甚至有撒谎的成分，但总比否定对方、讲大道理、刺激他们强得多。对于对方的自吹自擂，我们要淡然接受，同时也要告诉自己，我们的精神远比对方强大，而眼前这个人的行为跟大猩猩爬跨的行为没有区别，或许这样你的内心就能平静了。

但是，如果你的自尊心受到严重伤害、能力被否定，或者你们讨论热烈但毫无"营养"，甚至**你已经无法容忍对方的言行时，就要采取应对措施了**。

如果你们是关系很好的朋友，开开玩笑也不会面红耳赤，那就告诉对方"我看你就是在这自卖自夸呢"或者"你今天的表现确实值得周围人佩服"。

如果你说完之后对方还是完全没有改变（想要改变自己）的迹象，而且你们越聊越话不投机，或许你只能改变交往方式，自然地疏远对方吧！

抛弃朋友也许是一件很遗憾的事，但最重要的是保护你自己。

这不是很普通吗?

| 角色名 | 傲气超人 |
|---|---|
| 属性 | 朋友、同事 |
| 出没地 | 家附近、公司 |
| 遭遇等级 | ☆☆☆☆☆ |
| 特技 | 求证"我最强" |
| 重点 | 不要阻止他显摆 |
| 攻略难易度 | ☆☆☆ |

# 总喜欢用命令口气的 "高傲圣人"

## 数十年的固有观念岂能轻易崩解

如今世界上有太多人表现强势，趾高气扬，说话很粗鲁。他们完全不听我们的意见，总是对我们嚷嚷 "按照我说的做就行了" "听我说"，他们总是单方面地发号施令。想必很多人都见过这种人吧？

典型的 "高傲圣人" 的特征是，无法颠覆在数十年的人生中养成的固有观念，而且这些固有观念就是他们内心的正义、理想和正确答案。他们早就定下了所谓优秀的标准，如果你达不到他们的标准，你（对于 "高傲圣人" 来说）就是废人、下等人，他们会对你全盘否定。

首先要认识到 "他就是这种人"，不要对他抱有过高的期待。如果你觉得这个人的思维已经固化了，那么你的心情就会轻松很多，也不会感到压力过大。

接下来，你应该明确自己的立场，考虑一下今后应该和对方保持怎样的距离。

如果对方是你的领导，而且你并不太在意现在的这份工作，想马上和 "高傲圣人" 断绝关系的话，那就辞掉工作或者换个岗位吧。

## 碰运气也能解决大问题

如果你所在的公司或你的职业对你来说是"终生事业"，或者有绝对不能离开公司的理由，那就请试着寻找与"高傲圣人"巧妙沟通的绝佳对策。或许你会发现他好恶分明的个性，其实很容易相处呢。

如果你们是亲戚或者闺蜜，并不会天天见面或时刻相随，那就忍一时风平浪静，配合他演一场戏吧。

**如果你下定决心想要彻底改变和"高傲圣人"的相处方式以及他对你的看法，那就只有抱着"宁为玉碎不为瓦全"的觉悟，主动跟他表明你的心意吧！**如果他提出反对意见，反而会让气氛更加热烈，那为什么不积极地展示自己呢？

"我擅长××，能让我做这个工作吗？"

这句话或许就能帮你打开新局面。因为他可能会觉得你对工作充满热情。

"高傲圣人"不擅长讨价还价，**你直来，他必直往。**你有50%的概率被全盘否定，也有50%的概率被全盘接受。不管怎样，只要他没有直接反驳或否定你，你们的关系就不会彻底恶化。

只要这样做，
肯定没问题！

| 角色名 | 高傲圣人 |
|---|---|
| 属性 | 领导、前辈、指导老师、闺蜜 |
| 出没地 | 公司、学校、家附近 |
| 遭遇等级 | ☆ ☆ ☆ ☆ ☆ |
| 特技 | 我要你听我的 |
| 重点 | 不要感情用事 |
| 攻略难易度 | ☆ ☆ ☆ ☆ |

## SNS 不分场合加好友、乱评论的"集友狂"

### "抓"来一位新朋友

　　大部分的社交媒体为了方便交流，都有允许用户之间建立特别关系的功能。例如"照片墙"和推特上的"关注"、LINE① 上的"朋友"、Facebook 上的"好友"等。"加好友"之后，双方信息的交换就会变得更容易，用户也能在第一时间看到好友发布的内容。只要你是社交媒体的用户，就一定会用到这个功能。

　　但是，这个功能并不能让所有人满意。**因为其中有一种"集友狂"，他们对"加好友"的热情简直让人受不了。**他们就好像施加命令一样，要求别人加他好友或者关注他的账号，或者强迫别人回帖，还美其名曰"为了友谊"。

　　他们可能只是跟你出席过同一场酒会，也不过是一面之缘或只谈过两三句话，再就是朋友的朋友（你们压根没见过）。他们突然发来好友申请，令人猝不及防。但每次你都只能边想着"我们有那么熟吗……"，边不情愿地通过好友或者回复留言。

---

① 韩国互联网集团 NHN 的日本子公司 NHN Japan 推出的一款即时通信软件。——编者注

# 预先想好对策

**"集友狂"** 基本上是自我表现欲强，爱慕虚荣的人。他们只是热衷于加好友，但并不是想和哪个人深入交流。主要目的是满足自己的欲望，彰显自己朋友遍天下，或者到处炫耀"我跟 ××× 关系可好了"。

他们认为，朋友越多，自己地位就越高。

因此，**我们首先应该做的是，先想清楚自己应该以怎样的态度面对"集友狂"。** 可以事先考虑一下，如果收到不太熟的人的好友申请或留言该如何处理。

例如，"除了彼此都知道本名和住址的人，一律拒绝好友申请""我在社交媒体上加好友的规矩是：素未谋面的人绝不添加"。你可以像这样以严词拒绝的手段保护自己。"集友狂"的目的是抬高自己，但并不想树敌，所以他们几乎不会诽谤中伤他人，更不会因为没加到你而"闹翻天"。

另外，**有时候一段突如其来的友情却可能意想不到地深厚，所以你也可以通过对方添加好友的请求，之后再观察一段时间，** 如果确认对方的确是个"烦人精"，只要逐渐疏远他就好了。

对于对方发表的评论也是一样，不要突然完全忽视，而要逐渐降低回复的频率，**千万不能被他牵着鼻子走。**

| 角色名 | 集友狂 |
|---|---|
| 属性 | 陌生人、熟人 |
| 出没地 | 互联网 |
| 遭遇等级 | ☆ ☆ ☆ ☆ |
| 特技 | 疯狂加好友 |
| 重点 | 不要被他掌握节奏 |
| 攻略难易度 | ☆ |

# SNS 常在社交媒体上挑刺的 "揭短犯"

## 在网上煽风点火的人

我们的个人信息或照片一旦被散布到网上就无法完全删除。因为即便本人想删除也无法删除，所以这类信息也被称为 "数字文身"。网上很多的诽谤中伤都是因为信息被人掌握，而且这种现象已经成为社会性问题。

即使我们并不想删除信息，挂在网络上的信息也会被恶意抓取，成为我们的 "软肋"。不仅是诽谤中伤，还有人喜欢吹毛求疵、戏弄恶搞。虽然现实生活中我们很少（或者根本没有）遇到这种人，但在网上恣意对人评头论足的人实在太多了。

"上次的照片和这次的照片简直换了一个人，你整容了吧？"

"你装什么装啊？你明明……"

如果被这样的 "揭短犯" 纠缠，我们的心情肯定不会好。

**他们的共同特点是总感觉自己不被认可，有自卑感，喜欢嫉妒他人。**他们总觉得 "自己不该是这样的"，而这种情绪（精神科称为 "自我缺失感"）让他们变得扭曲，他们会嫉妒那些拥有他们所不具备特质的人，并通过揭短来发泄不满。

## 成熟点儿，问题就解决了

如果在网上对你评头论足的"揭短犯"与你素不相识，也不太可能在现实中见面，而且你也不是很在乎他的看法，那么你只要不搭理他们就够了。最重要的就是，别把他们当回事。

他们就是想挤对你，看看你有什么表现，换句话说他们就是以此为乐。如果你怒气冲冲地反驳他们，那就恰恰正中"揭短犯"的下怀。你应该做的是不理睬他们，让自己平静下来。

如果是在社交媒体上交流的话，你也可以用屏蔽（无视）和不提醒（关闭通知和隐藏时间线）来避免和他们发生交集，如果他们还是纠缠不休的话，我建议你直接删除或拉黑他们。但要知道，拉黑和删除（让对方得知的话）有时候可能会起到火上浇油的效果，所以要注意合理使用。

如果你跟"揭短犯"本身就认识，他们是故意让你难堪，那么最好的办法不是反驳，而是接受对方的批评，大方地承认自己的缺点。这样一来，事情就容易处理了，而且你们的关系也能维持下去。

| 角色名 | 揭短犯 |
|---|---|
| 属性 | 陌生人、朋友、同事 |
| 出没地 | 互联网、家附近、公司 |
| 遭遇等级 | ☆☆ |
| 特技 | 揭短连发 |
| 重点 | 不要太把他们当回事 |
| 攻略难易度 | ☆☆☆☆ |

第5章

# 强迫型 "烦人精" 的应对方法

# 患上严重自恋症的"照镜仙人"

## 不同影响，不同对策

有些人非常爱护自己，不论是仪表还是行为举止，他们都想把最好的一面展示给别人。此时，你是不是已经在脑海找到了类似的形象——就是他！

其实他们不太在意自己是否被人关注，也不太在意别人对自己的看法，而是按照自己的步调追求"理想中的自己"。他们最关注的是"自己眼中的自己"。不论年龄和性别，"照镜仙人"每天都会看着镜子中的自己，只要想到自己这一天的精彩表现，心情就会很好。

**如果他们的行为只限于"孤芳自赏"而不影响我们，那我们自然可以随他"自赏"。**

但是，如果你已经觉得深受其扰，甚至深受其害的话，就不能视而不见了。具体来说，比如对方在化妆和选择穿搭上花费了太多时间导致迟到，或者太过热心肠，反而耽误他人正常工作，那就不可取了。

"照镜仙人"总觉得自己就是世界的中心，**不会考虑自己的行为会给他人带来怎样的影响。如果你身边有这种"照镜仙人"，就要采取相应的应对措施了。**

## 用不同方式提示对方 "你又自恋了"

你要先弄清楚对方有没有意识到他是 "自恋" 的。有些人虽然不知道自己会给他人带来不好的影响，但他们明白自己有自恋的一面。

**如果是这样，那就在朋友之间指出这位朋友有自恋型人格，也不要向他隐瞒此事，要让大家都了解他的个性。** 既然他自己已经认同了这个身份，你就更容易告诉他 "你又犯自恋病了"，而对方也会更愿意反省。久而久之，他也会改掉这个毛病。

**但若是对方自恋却不自知，那就有些麻烦了。** 他不知道自己自恋，也不知道自己会给别人带来麻烦，并且很多人已经深受其扰。

**如果你一语道破 "你太自恋了"，那对方可能会向你道歉，但要知道你此时已经深深地伤害他了。因此，你一定要注意自己的措辞，循循善诱地向他解释情况。**

你可以试着跟他说 "你可能太重视自己了" "你其实可以再拓宽一下自己的眼界"。或许他听了你的劝解，就能打开眼界，从此注意他人的感受，理解他人的言行。

今天我也这么帅！

| 角色名 | 照镜仙人 |
|---|---|
| 属性 | 朋友、同事 |
| 出没地 | 家附近、公司 |
| 遭遇等级 | ☆☆☆ |
| 特技 | 现在是妄想时间 |
| 重点 | 不能全盘肯定对方的自我评价 |
| 攻略难易度 | ☆☆☆ |

# 过度敏感失去自我的 "自律神人"

## 理所当然的好评

前一节介绍的 "照镜仙人" 和本节介绍的 "自律神人" 都很关心自己，而且也都喜欢描绘理想蓝图并不断磨炼自己，但是两者之间仍旧有些微妙的区别。其中，最大的区别在于，是否关注外界对自己的评价。

"照镜仙人" 只要自我感觉良好就满意了，所以他们不太关注外界的评价，他们会自己评价自己。因此，他们常常过度相信自己的能力，总自视过高。

而 "自律神人" 则十分重视外界对他们的评价，而且他们总觉得自己获得好评本身就是理所当然的。

他们其中也有人深信 "我的世界与众不同"，他们会炫耀自己知道的小众信息，在擅长的领域，他们甚至不允许任何人提出质疑。

而且，有时候他们还会把自己的价值观和常识强加给周围的人。**他们常常想 "做得到是理所当然的" "知道这些也是理所当然的"，如果你做不到、不知道，那么他就会毫不留情地看低你，甚至觉得 "做不到" "不知道" 就是不可饶恕的罪过。**

## 区分刻意型

**那些下意识"显摆"自己或者彰显自己本领的"自律神人"其实都有改变的可能。**他们可能并没有恶意或攻击性，只是没有察言观色的习惯。**所以我们要告诉他们，口无遮拦可能会伤害他人的心灵。**

"你所谓的常识并不是社会普遍意义上的常识，不要强加于人。"

"不要单方面做判断啊，也要听听别人的意见啊！"

类似的建议也许会让"自律神人"豁然开朗，也可能会让其意识到自己已经迷失了并感到羞愧。或许从今以后，他们也会变得温柔。

相反，**我们要攻克那些故意打击别人、想要惹怒别人的"自律神人"就相当困难了。**因为无论我们怎么劝解，对方都不会改变态度。**如果你还是想要做点儿什么，那就必须做好心理准备，来点儿"粗暴疗法"吧！**

例如，抢夺他们的话语权，在你的专业领域或擅长的领域做出成绩，向他们"示威"。通过这个方法，让他们理解你是如何被他们"欺压"的。或许你会认为，这好像是在报复他们，但想让他们回心转意，也只有用上这种手段了。

| 角色名 | 自律神人 |
|---|---|
| 属性 | 朋友、领导、同事 |
| 出没地 | 家附近、公司 |
| 遭遇等级 | ☆☆ |
| 特技 | 蔑视咆哮 |
| 重点 | 不要逆来顺受 |
| 攻略难易度 | ☆☆☆☆ |

# 拼命想要展示自己的"我我怪人"

## 全体目光向我看齐

在和朋友、同事聊天时，你是否发现，有些人聊天的中心永远是自己？他们常说"如果是我的话""我觉得"，但实际上根本没人关心他是怎么想的。这就是"我我怪人"。单纯的炫耀，无聊的内容，没有结论和结局……我想大部分人都会一边忍受无聊的时间一边度过。

**"我我怪人"的性格多种多样，不能笼统地概括为某一类型。**比如，不会察言观色的人、过分爱惜自己的人、不顾他人感受的人、想让自己成为话题中心的人，当然也有单纯不擅长听别人说话的人……简直多不胜举。

那么他们真的没有任何共通点吗？其实不然。**他们都有"被人关注心情就会很好"的特点。**我们要注意他们是通过怎样的手段获得关注的。因为他们并不只是想出风头，所以不要把他们的行为和"炫耀"混为一谈。他们想要成为话题中心，但不表示他们只想谈论自己的过人之处、成功经验，他们也不介意跟人分享自己的失败经历甚至是各种丑事。"我我怪人"会突然插嘴，大谈特谈自己的经历。那么我们有什么"对付"他们的办法呢？

## 不干涉也是一个好办法

虽然我也想给你出个主意，但这确实很难。**"我我怪人"没有恶意也不自觉，他们讲述自己的故事似乎是出于某种本能。**虽然我们可以直说，让他们知道没有人想听他们继续"念经"了，但他们很难控制自己，**所以光靠语言说教作用不大。**实话实说，我身边的"我我怪人"根本不会做出改变。

正因如此，哪怕我们用对付"自律神人"的方法，来一个"十倍奉还"，恐怕这群自说自话的"我我怪人"也不会介意（应该说，他们根本看不出来你在反击），反而会聊得更加起劲。这次"反抗"的结果不言自明。

**因此，我推荐"将错就错大法"。索性让"我我怪人"说个够吧，而且我们还要帮他们烘托气氛。**

**我们的目标是提高所有人的幸福指数。**所以，即便"我我怪人"讲述的个人经历其实很无聊，我们也要帮他"添油加醋"，让情节更加丰富，把现场气氛推向高潮。如果他们讲述的故事无聊到让人绝望，那就太糟糕了，但只要还有"美化"的余地，我们就要帮他们一把。

听我说！
听我说！

| 角色名 | 我我怪人 |
|---|---|
| 属性 | 朋友、领导、同事 |
| 出没地 | 家附近、公司 |
| 遭遇等级 | ☆☆☆☆ |
| 特技 | 瞬间插话 |
| 重点 | 不要"以牙还牙" |
| 攻略难易度 | ☆☆☆☆☆ |

# 相信自己拥有无敌实力的 "包工头"

## 不败人生需谨慎

大多数人都明白 "每个人的价值观都不一样" "这个世界上的真理并不是只有一个"，因此，不论我们内心如何强大，也能接受和尊重想法不同的人，这样的心态能让我们的生活更加和谐。如果每个人都寸步不让，一味地肯定自我，否定他人，那么人类社会就无法维系，而世界各地爆发战争的原因也在于此。

即便如此，无论在哪个年代、哪个国家，都一定会有过分强势的人。他们认为自己绝对正确、正义感强，以孤胆英雄的气概藐视一切 "凡人"。

但遗憾的是，他们中的大部分人既非德高望重的人，也没有受到周围人的崇拜。**他们顶多是自视甚高罢了。这就是典型的 "包工头"。**

自尊心强的人最容易发展成这样。更有甚者，他们的人生中很少（几乎没有）遭遇失败，他们是文武双全的精英。这使他们更加自信，不能接受他人（与自己不同）的价值观，进而性格变得愈发扭曲。他们可能是完美主义的领导，也可能是热衷于说教的父母等。

## 第一要务是阻止"暴走"

不管这种自信是否基于经验，"包工头"都不会轻易改变自己的主张。即便有人反对，他们也只会摇摇头，全力反驳道——你懂什么？

因为他们非常讨厌被驳倒，也不习惯听从他人的意见，所以即使你温柔且礼貌地劝导他们"强加意见是不好的""不要树敌太多"，他们也不会理解。哪怕所有人按照他们的指示行事，但最后失败了，他们也会找到其他理由搪塞，而绝对不会认错。

总之，他们不给你说话的机会。"包工头"虽然也有弱点，但确实是一个难缠的对手。**如果我们想按照自己的节奏来控制对方，那几乎是不可能的。**

实在抱歉，我也没有什么好办法能"对抗"他们。不过，"包工头"已经是我们遇到的最难缠的角色了。**与"包工头"相处时，我们要有意识地尽量不让场面失控，把着眼点放在寻找妥协点上才是明智之举。**

即使你想陈述自己的意见，也要站在对方的立场上，先征求对方的意见。

而如果你不得不对他们言听计从，也要针对自己的特点做出一些调整。

我认为像这样保持平衡才是最佳策略。

全都交给我吧！

| 角色名 | 包工头 |
| --- | --- |
| 属性 | 领导、父母、朋友 |
| 出没地 | 公司、家里、家附近 |
| 遭遇等级 | ☆ ☆ |
| 特技 | 我自有我道 |
| 重点 | 不要反驳 |
| 攻略难易度 | ☆ ☆ ☆ ☆ ☆ |

# 总用"我很忙"来满足自己内心的"大忙人"

## 求你表扬我

很多人认为与其饱食终日无所用心,倒不如多做些事情丰富自己。虽然大家都喜欢把"想要轻松地生活"挂在嘴边,但说到底,人类越是做有意义的事,就越能获得充实感和幸福感。

当然,忙碌程度很重要。太过忙碌会给身心带来负担,如果因为太忙而患上心理疾病或搞坏身体,那就得不偿失了。所以适可而止才是最好的状态。

但也有一些人,**把"忙"当成了人生意义,一天到晚把"我很忙"挂在嘴边,彰显自己的"忙人本色"。**明明可以默不作声地工作,却非要把自己的情况"汇报"给别人,而且实际上并没有自己说的那么忙,这就是典型"大忙人"的特征。

为什么他们要故意这么做呢?理由很简单,就是想满足自己的认可欲。因为他们一心希望别人对自己说"你真努力""做得好啊"之类的慰劳和称赞的话,所以才会炫耀"我很忙哦"。但是,"忙得不可开交"就真能如你所愿,得到别人的好评吗?未必!人们只会觉得你又"犯病"了。既然你这么麻烦,谁还会理你呢?

# 以对方为导向

**"忙" 已经成为他们的口头禅，而且他们是否真的忙也值得怀疑，所以我们没必要过分在意他们。** 如果他们发现你的态度冷淡，也就不会再纠缠不休地强调了。或者，你真有 "菩萨心肠"，专拣他们爱听的说，这自然也是和平解决问题的手段。他们所说的忙，是中学生熬夜的骄傲，是漫画《不良出身》中描写的少年逸事。我们要体谅对方的心情，温和地注视他们就够了。**如果自己的认可欲得到满足，他们就会暂时停下来。**

如果你希望 "大忙人" 有所成长，直接告诉他们 "你这样做会给周围的人留下不好的印象" "这样只能适得其反" "总是强调忙，不就是在说自己工作效率低下吗"，或许会戳中他们的痛处，让他们明白炫耀忙碌其实毫无意义。

另外，**有一些 "大忙人" 并不是为了满足认可欲才说自己很忙的，他们是战略性地告诉别人自己很忙。** 比如托口自己很忙，来暗示他人 "托我办事要付出一定的代价"，或者用忙作为拒绝不感兴趣邀请的借口。如果是这样，那么上述的策略都不适用，所以还请各位读者要听懂言外之意。

我很忙！

| 角色名 | 大忙人 |
|---|---|
| 属性 | 同事、朋友 |
| 出没地 | 公司、家附近 |
| 遭遇等级 | ☆ ☆ ☆ ☆ ☆ |
| 特技 | 超负荷日程播报 |
| 重点 | 不用确认他们是不是真的很忙 |
| 攻略难易度 | ☆ ☆ |

# 话不投机当场板脸的 "别扭精灵"

## 哪能句句都投机

多人聊天时，就会有很多主题。从时尚、恋爱、健康、演艺圈，到政治、经济、体育，人们关心的事情多种多样，各不相同。潮流每天都在变化，所以话题自然无穷无尽。虽然聊天的人员构成不同，但也有因共同的兴趣或工作而聊得热火朝天的情况。

然而，不可能人人都那么好奇心旺盛、兴趣广泛、博学多识。每个人都有擅长的领域和不擅长的领域（不感兴趣的领域），人们对不同话题的参与度也不相同。我们大概都有过当"门外汉"的经历。既然插不上嘴就只能等到话题转向自己的领域再搭话，否则就向懂行的人请教，做一个合格的"倾听者"，也不失为一种沟通方式。

但是世界上还有这种人：

他们不甘心只做倾听者。**他们就是"别扭精灵"，只要跟不上话题，他们马上就会不高兴，闹别扭。**大家聊得热火朝天，而他们苦着脸，这难免令人生疑。

**139**

## 从细节开始

"别扭精灵"基本上都是自尊心很强、以自我为中心的人。**因为他们骨子里有想要一直被关注的想法，所以他们永远不甘心做配角。**很多人的内心并不丰裕，一旦有比自己厉害的人出现，他们就觉得惴惴不安。因此，无论对方如何，自己的情绪都会表现在脸上或态度上。

那么，如果伙伴里有"别扭精灵"该怎么办呢？

**其实一开始我们没必要特别在意。如果过于刻意，就只能委曲求全，把谈话的主导权完全交给"别扭精灵"，而无法享受聊天的乐趣。等到话题转向"别扭精灵"不擅长的主题时，我们稍微关注一下他们的感受就好了。**

**重要的是间接地告诉他们"我没有忘记你"。**你也可以问他们一些容易回答的问题，比如"你对这个话题不感兴趣吧？不好意思啊！"或者"你认为呢？"这样一来，"别扭精灵"的内心便不再空虚，也不会再落寞失神了。

另外，自尊心强的人非常讨厌被人指出他们的问题，所以我们也没必要那么直白地对他们说"你这样不好"。

我对这个话题不感兴趣。

| 角色名 | 别扭精灵 |
|---|---|
| 属性 | 朋友、同事 |
| 出没地 | 家附近、公司 |
| 遭遇等级 | ☆ ☆ ☆ |
| 特技 | 无聊碎碎念 |
| 重点 | 不要指出他的错误 |
| 攻略难易度 | ☆ ☆ ☆ |

# 总喜欢讲述自己光荣历史的"个人史学家"

## 学着同情他

你的领导总是暗示你，他毕业于国内一流学府。

你的学长总是跟你提起他高中参加校级比赛的经历。

你的闺蜜对你说她生孩子之后身材依然苗条。

老家的儿时玩伴总跟你炫耀他们十多岁"混社会"的经历。

哪里都能遇到这类人啊！他们喜欢谈论所谓曾经的"光辉史"。

他们的特点是，总是重复讲述同一件事。"我已经听你说过好几遍了""他怎么又说了一遍"——我想很多人都有过这样的经历。"个人史学家"真是"烦人""聒噪"的典型代表。

但如果可以的话，我还是希望你不要对他们太冷淡。"个人史学家"依赖于过去的光荣，是因为他们不满足于现在的生活。

总而言之，正因为意识到自己的鼎盛期早已过去，周围的人也都不再看重自己，所以他们才会经常讲述自己的"光荣史"。

他们的口头禅是"我那时候……"，换言之，他们也知道自己早已"今非昔比"。换个角度想，你会不会觉得他们是可怜的人呢？

## 不要伤害他们

如果对"个人史学家"的光荣历史颇感兴趣，或者单纯想要对他们好一些的话，即使是已经听腻了的内容，也要微笑着点头倾听。

此外，如果"个人史学家"对自己的评价很低，而你也觉得他们过于贬低自己（本该获得更高的评价），那就坦率地告诉他们吧！

"××哥，您不只过去厉害，现在也很让我佩服！"这句话或许就能拯救对方的内心。

不仅如此，如果他们发现现在依然有人欣赏他们，或许他们也不会再沉湎于过去的自己了。

如果你实在已经厌烦了，或者他们的故事已经让我们感到不快，就可以委婉地劝诫对方不要再继续这样了。

如果对方是长辈，你就可以说"哦哦，这件事啊，我以前听您讲过呢"。**需要注意的是尽量不要让对方觉得不好意思，也绝对不能表现出"听腻了"的态度。**

**如果是面对知心朋友的话，你就可以吐槽"我以前好像在哪儿听过呢（笑）"。这样一来，对方就知道你已经不耐烦了。**

我年轻那会儿呀……

| 角色名 | 个人史学家 |
|---|---|
| 属性 | 朋友、领导、同事 |
| 出没地 | 家附近、公司 |
| 遭遇等级 | ☆ ☆ ☆ ☆ ☆ |
| 特技 | 英雄美谈 |
| 重点 | 不要态度强硬地否定他 |
| 攻略难易度 | ☆ ☆ |

# 总喜欢讨巧装可爱的 "可怜宝宝"

## 逆 "自我中心"

很多人想要当主角，想要被关注，想成为话题的中心，前文中也出现过不少这样的角色。

他们的共同点是都希望得到周围人的称赞和高度评价。因此，他们更喜欢谈论自己的专业、积累的业绩和人脉，或者是过去的成功经历和英勇事迹，并一切以向他人炫耀为出发点。

同时，他们不接受别人谈论他的缺点、不擅长的领域、失败经历等负面因素。

然而，人类真的很有趣，任何地方都存在怪人、异端和异类。

有些人既希望以自我为中心，却又不希望人们总盯着他们的优点。倒不如说，**越是普通人不喜欢的话题，越是那种容易降低自己评价的话题，他们就越喜欢。这就是偏执至极的"可怜宝宝"**。

如果可能的话，我们肯定不太想与这类人产生联系，但如果运气不好遇到了这种人，那就必须认真对待。

## 一旦当真就变本加厉

"可怜宝宝"想要的不是别人的称赞而是同情。比起"你好厉害",他们更喜欢别人说"你真可怜"。他们总想成为悲剧女(男)主角。

在我们跟他们打交道之前一定要摸透他们的脾气。

**我推荐的应对方法是,不要把他们说的话当真,而是"听话听一半"。**"可怜宝宝"有时候为了引人注目会"添油加醋",所以一定不能完全相信他们。

比如他们告诉你"我钱包丢了,里面放了 5 万日元呢!"实际上他们钱包里顶多放 1 万日元,甚至这件事本身就是他们瞎编的。再比如,他们说"×××很讨厌我",其实他自己也未必有根据。总而言之,"可怜宝宝"每句话都显得很夸张。

**如果你觉得他们实在是太喜欢夸大其词了,就可以明确地告诉他们:"你总是这样夸大其词,不讲信用,今后谁还敢信你呢?"同时你也可以建议他们"多聊些正能量的内容"。**要知道,他们只是有性格问题,本身并不是坏人。

但即便如此,他们的个性依旧很难改变,还是满嘴负能量,而这很有可能是因为他们的认知极度扭曲,甚至有些妄想的倾向。到了这一步,就只有精神科医生能救他们了,所以你只能委婉地劝他们尽早就医了。

| | |
|---|---|
| **角色名** | 可怜宝宝 |
| **属性** | 朋友、同事 |
| **出没地** | 家附近、公司 |
| **遭遇等级** | ☆ ☆ |
| **特技** | 创造灾难 |
| **重点** | 不要相信他们 |
| **攻略难易度** | ☆ ☆ ☆ ☆ |

# 思想总是消极的"消极精英"

## 一切都消极对待

前面提到的"可怜宝宝"往往通过展示自己人生不如意，以此引发话题或满足内心需求。他们这种性格确实很令旁人苦恼，我们也很难让他们做出改变。

但是，"可怜宝宝"还是有挽救余地的，如果从另一个角度解释，其实他们也有积极向上的一面。因为他们也有积极思考的一面，比如他们希望自己是主角，希望一直受到关注，希望成为话题的中心；他们虽然性格古怪，但本质上是积极的；他们就是这样，虽然一直给周围人添麻烦（并非本意），但还能"厚着脸皮"快乐地生活。

**而本节介绍的"消极精英"才最难对付。他们是一群自我评价很低的人，总是自我批评和自我否定，**这一点和"可怜宝宝"一样，但他们完全没有想要引人瞩目的想法，而且也不善于沟通。**他们的思想天生就是消极的，对任何事情都抱着悲观的态度。**

不仅对自己，对他人也是如此。他们会把本来正面的事情看成负面的，不断往坏的方向想。"消极精英"并不会因为周围人关心他们的不幸遭遇而感到快乐，所以只要看表情就能

把他们和 "可怜宝宝" 区别开来。

## 改善情况很重要

正因为 "消极精英" 希望自己的担忧和不安能让他人产生共鸣，所以才会经常谈及消极话题，但他们并不希望因此让对方为难。**他们只是想让我们倾听他的倾诉。**他们控制不住地悲观，而且不知不觉间，他们的每一句话都充满了负能量。

所以，如果你身边就有 "消极精英"，而且你的时间和精力都很充裕的话，就请你别嫌他们麻烦，给他们当一个免费心理咨询师，听听他们的心里话吧。

而后，当谈话告一段落，你就可以温柔地鼓励他们说："你太容易担心了，别想得那么极端嘛！要再积极点儿哦！"虽然这无法从根本上解决问题，但其心情会变得轻松，"病情"也能有所缓解。

**如果即便如此他们也没有改变，而你一直在当他们的忠实听众，那么你的精神压力也会越来越大，这时候还是要请第三者协助。**

在 "消极精英" 中，有些人已经有抑郁的症状。请你理解他们，并建议他们去咨询专业的心理医生、精神科医生。如果放任不管，对他们没有任何好处。

肯定办不到。

| | |
|---|---|
| 角色名 | 消极精英 |
| 属性 | 朋友、家人 |
| 出没地 | 家附近、家里 |
| 遭遇等级 | ☆☆ |
| 特技 | 万事皆危矣 |
| 重点 | 不能放任不管 |
| 攻略难易度 | ☆☆☆☆☆ |

# 总感觉自己低人一等让周围人心思沉重的 "乌云制造机"

## 负面思维不能一边倒

大家身边有没有经常把 "你好棒" "羡慕啊" 挂在嘴边的人呢?

说完这句话之后,他们就会开始自我批判,跟你聊起他们的短处和不如别人的部分,再之后他们就会陷入消沉低落。老实说,这种人其实很难缠。如果你只是回答一句 "是啊",他们就会很窘迫。这会导致现场的气氛越来越沉重。

**他们仿佛全身都被负面情绪包裹着一样**,这就是 "乌云制造机" 的特征,但他们与 "消极精英" 在方向性上有很大的不同。

"乌云制造机" 会把自己和别人比较,他们只会盯着自己不如别人的地方看。**一方面他们自我评价过低,另一方面对他人也有夸大评价的倾向。**

性格乐观的人和积极主动的人,即使自己有弱点或在不擅长的领域,也不会感到沮丧。他们完全不在意这些,反而会把目光转向自己的长处和擅长的领域,所以他们的人生压力小得多。但遗憾的是,"乌云制造机" 做不到这一点,他们喜欢与他人比较，永远都在寻找自己的失败之处。

## 否定之否定等于肯定

我推荐的应对策略是重新理解"乌云制造机"的想法。

**对于对方的自我否定，如果你完全不这么认为，那就告诉对方你的真实想法和真实评价吧！**你可以坦率地说"不会的""我觉得你做得到"，同时你也要提醒对方没必要那么卑微，应该对自己更有自信。

**如果你认可"乌云制造机"的发言，那么在回复时就需要下点儿功夫了。**直接说"你确实不够优秀"，就像在伤口上抹盐一样，绝不可取。所以你还是尽量找一些他们的优点吧，即使只是稍显优势也可以。你只要对他们说"你很擅长这项工作""我觉得你能看到这一点就很厉害了"，这其实已经给了他们很大帮助。

"乌云制造机"常常用 0 或 100 进行极端评价。所以，只要不能自信地说出自己是 100 分，那自己就是 0 分。

不管怎样，表扬和肯定都能让"乌云制造机"更积极、更阳光，而且这样做你也一定会和他们相处得更好。

亏你笑得出来。

| 角色名 | 乌云制造机 |
|---|---|
| 属性 | 下属、同事、朋友 |
| 出没地 | 公司、家附近 |
| 遭遇等级 | ☆ ☆ |
| 特技 | 蓝色忧郁 |
| 重点 | 不要赞同他的自卑 |
| 攻略难易度 | ☆ ☆ ☆ ☆ |

# 用哭鼻子解决问题的"泪崩仙人"

## 哭并不是罪

如果有人说着说着就哭了起来，想必会让人很慌张吧？如果不知道对方哭泣的理由，我们就会感到既困惑又慌张，即使你暗暗地猜测原因，也很难保持平静。

不管怎样，如果不是你故意逼哭对方，那你肯定会问他为什么哭，否则你的内心就永不安宁。如果此时你们周围还有别人，那你肯定会被他们认为是"欺负人"的一方，这可能会产生不必要的误会。如果可能的话，你肯定希望对方马上停止哭泣，这样你就能尽快摆脱麻烦了。

**我想大多数人会立刻通过道歉或询问的方式去化解矛盾，但要知道这些方法并不一定奏效。**

使用不当的说话方式、表情，持有不当的态度，都有可能使情况更加恶化。

容易哭的人总是对别人的言语特别敏感，或者情绪不够稳定，所以需要慎重对待，绝对不能感情用事。

当然，**也有可能是"泪崩仙人"为了让自己在沟通中处于优势地位，或者为了解决问题而"利用"了自己的眼泪，所以他们落眼泪也可能是故意的**。即便他们此刻是真情流露地落泪，但在过去他们也有通过哭泣获得好处的经验，因此养成了利用眼泪的习惯。

但是，想要瞬间分辨出眼泪的 “真假” 是相当困难的。千万不要武断地说出 “你至于因为这种小事就哭吗”“又要哭吗？真狡猾” 之类责备对方的话。

## 贴近他，温暖他

对方到底是多愁善感的可怜人，还是善于欺骗的 “泪崩仙人” 呢？不论对方是哪种人，我们的应对手段都一样。你可以先道歉，再温柔地问他为什么哭。关键是加上一句 “希望今后你不会再遇到这种事情”。最重要的是表现出你把他放在第一位的态度。

“泪崩仙人” 其实很不习惯被人温柔以待。为什么呢？因为他要一边假哭，一边说明理由（找借口）。最后他或许会发现 “对他哭是没用的”，索性从今往后再也不对你假哭了。

真心也好，演戏也罢，只要问出了他哭的理由，剩下的就是避免再发生同样的事。只要你贴近他，温暖他，他就不会那么爱哭了。

实在是不好意思！

不好意思！

| 角色名 | 泪崩仙人 |
|---|---|
| 属性 | 下属、朋友 |
| 出没地 | 公司、家附近 |
| 遭遇等级 | ☆☆ |
| 特技 | 我是演技派 |
| 重点 | 不要断定他们在假哭 |
| 攻略难易度 | ☆☆☆☆ |

# 把马虎当可爱的 "小糊涂仙"

## 失误后的行为和态度最重要

谁都有可能不小心犯错误，错误一旦发生就无法一笔勾销，因此一味地责备是没有意义的。无论是对于犯错的人，还是因为别人犯错而遭遇麻烦的人来说，犯错后的态度和行为才更重要。

最开始当然要真挚地道歉（并接受道歉），之后要查明原因、协商对策、制订替代方案、修理和更换、安排人员、控制风险等，总之要迅速且准确地处理。如果处理得当，我们就能把损失降到最低限度。只要补救方法得当，犯错的人也能得到"拯救"。

但是，世界上有这样一些人，他们不在乎自己的错误，不能立即采取行动。不仅如此，还有一些令人头疼的人，对于犯错，他们只是面带微笑地道歉，道歉时还嘻嘻哈哈的。他们觉得自己就是天生的"小糊涂仙"。

虽然他们也有可能是因为能力不足才显得糊涂，但更大的问题还是出在性格上。**"小糊涂仙"大多乐观，缺乏主人翁意识，总想着"总有人能替我善后"。**而且他们还有些小心机，觉得自己只要演好"小糊涂仙"这一角色就能得到原谅。他们的性格让人束手无策。

## 列出具体的"受害"信息

因为他们生性乐观，所以对付"小糊涂仙"其实很难，几乎没人能战胜他们。即使你足够温柔，他们也顶多是稍微对你在意一些。所以有时候还是单刀直入才好，毕竟他们都很被动。

"小糊涂仙"爱惜自己，缺乏责任感，所以即便你提醒他们不要犯错、犯了错要认错，他们的内心也不会受到任何震颤。他们只会敷衍你说"我知道了，以后会注意的"，然后便不了了之。我觉得他们今后肯定还会犯同样的错误。

在这种情况下，**最有效的方法不是责备他们，而是具体、彻底地说明他们的失误导致了怎样的后果。**

比如，你可以让他们知道，公司为了弥补他们犯的错误而占用了其他人的时间，导致人工费等经费增加，给他人和公司带来了很大的麻烦。

总之，**要让"小糊涂仙"意识到事态的严重性，这是防止类似事件再次发生的最佳对策。**

怪我咯?

| 角色名 | 小糊涂仙 |
| --- | --- |
| 属性 | 下属、朋友 |
| 出没地 | 公司、家附近 |
| 遭遇等级 | ☆ ☆ ☆ |
| 特技 | 总有办法 |
| 重点 | 不要把注意力集中在性格和态度上 |
| 攻略难易度 | ☆ ☆ ☆ ☆ |

# 总喜欢说长道短的"周刊记者"

## 希望被感谢

他人传闻和某些小道消息总能引起人们的兴趣。最好的证明就是,有太多报刊和节目报道名人的八卦消息。毕竟那些都是别人的事,所以大多数的时候人们还是愿意听这些秘闻的。

但是,万事万物都是有限度的。如果听到的都是些低俗的内容,总会让人有些抵触,甚至让人避之不及。

毕竟,无论什么事都要重视适度、合理原则。

虽说如此,但这不过是我们普通人的想法,世界上有些人宁可不吃一顿饭,也要传闲话讲八卦。不仅是名人话题,他们还会收集公司同事、朋友、熟人、邻居的"秘密",并到处宣扬。

**他们的特征是,本身喜欢传闲话,还被周围人当成了"江湖百晓生"。他们就是想让人知道"我知道你不知道的秘密",从而被人羡慕,受到称赞。**总之,流言蜚语是他们表现自己的手法。

如果听者表现得十分惊奇,"周刊记者"就会倍感欣慰。

## 不能否定也不能放弃

首先应该注意的是，"周刊记者"喜欢传播八卦新闻，从根本上来说并不是为了伤害或陷害谁。他们并没有恶意，只是抱着娱乐大众的心态去完成"任务"。恐怕他们根本不会想到，自己传闲话的行为已经让别人很烦了。

因此，**我建议直接表达自己的立场和真实的感受——**我本来就不喜欢流言蜚语，更不需要听与自己无关人的信息。你说的这些，如果让人家听到该多伤心？你说点儿正能量的事情不好吗？

只要你把话说透了，之后他们再想传闲话的时候就会顾及你的感受了。

此时需要注意的是，**不要批评他们传闲话的行为，也不要否定他们的人格。**毕竟他们的行为本身并不算什么罪过，你只需表达出你的反感即可。

但是，**如果他们说的内容已经伤害到了他人，或者严重诋毁了被他们传闲话的人，我们就该直言相告。**要知道，"周刊记者"往往不自觉，如果放任不管，很多人就会因为他们的行为而感到不快、伤感、愤怒。

**161**

你老公好像去 × × 了。

| 角色名 | 周刊记者 |
|---|---|
| 属性 | 下属、邻居 |
| 出没地 | 家附近 |
| 遭遇等级 | ☆ ☆ ☆ ☆ |
| 特技 | 眼观六路，耳听八方 |
| 重点 | 不指责行为，不否定人格 |
| 攻略难易度 | ☆ ☆ |

# 总喜欢说低端谎言的 "大想象家"

## 高看自己的人

有个成语叫 "大公无私"，把它当作生活准则其实很难。每个人都有自己的私利和私欲，有时也会说谎。但即便是谎言，其水平和程度也千差万别，理解和处理方法也因人而异，需要具体问题具体分析。对于那些涉嫌欺诈罪或伪证罪的恶性行为，我们应该予以谴责，而对于那些为了不让对方费心而说出的所谓 "善意的谎言"，则不应过度谴责。

其中，最让人难以应对的就是 "虽然不会对自己造成不利影响，但听了会影响心情的谎言" 和 "虽然觉得没必要一一指出，但放任不管会让人感到郁闷的谎言"。

其中比较有代表性的就是 "为了让自己显得更伟大而说出的谎言"。"大想象家" 对于自己没有经验的事，或者能力上、物理上都做不到的事，堂而皇之地表示 "做过""能做"。或许你身边也有这样的人吧？

即使他们本人知道自己在撒谎，但久而久之罪恶感变得淡薄，或是过度 "狂欢" 导致感觉麻痹。我们似乎已经对他们的 "拿手好戏" 感到无比厌烦，难道我们就没法 "对付" 他们了吗？

## 根据不同的撒谎内容和亲密程度做决定

如果你能原谅"大想象家"的谎言或者他们的谎言无足轻重，又或者我们无法确定他们是否在说谎，**那就把他们的话当耳边风吧**。如果你根本不在乎他们，那就不用当真，随便敷衍他们一下就可以了。

这类人有一种错觉，他们认为谎言中的自己就是真实的自己，所以即使你继续追问，他们也不会正面回应，而会开始反驳或者将错就错。这都不能从根本上解决问题，只会增加你的压力。

但是，**如果"大想象家"是和你关系亲密的人，或者说谎的内容会降低别人对你的评价，那就指出他们的问题吧**。

如果能证明他们在说谎，请在表明事实的基础上，询问他们说谎的理由。只要有证据，他们就无法辩解或反驳，这样一来，他们就不敢再说谎了，这也可能成为促使他们改过自新的契机。另外，如果他们是不自觉地说谎的话，通过你的批评，他们也许会意识到这点。

不论如何，你的某一句话可能对他们今后的言行产生深远影响。

我跟那个偶像歌手是老熟人了。

| 角色名 | 大想象家 |
|---|---|
| 属性 | 朋友、同事 |
| 出没地 | 家附近、公司 |
| 遭遇等级 | ☆ ☆ ☆ ☆ |
| 特技 | 伪造经历 |
| 重点 | 没有说谎证据的情况下不要追问 |
| 攻略难易度 | ☆ ☆ ☆ ☆ |

# 别有用心，以恩人自居的"感恩怪"

## 强求的感激就是挑刺

被人感谢会让人心情愉快，但我们不能强求他人对我们感恩。毕竟，能判断一件事是否值得感谢的并不是你自己，让他人油然而生的感激之情才更加可贵。

即便如此，世界上还是有那么多强求他人感谢自己的人，殊不知他们的行为真的很"掉价"。**他们既不愿成为陪衬，也不想做幕后功臣，更不愿意把功劳让给别人。**他们总是提醒别人"你还记得上次我给你……""那次，要不是我……"

他们的共同点是迫切"希望被表扬""希望被认可"。除此之外，他们的内心充满了各种期待和愿望。为了获得优越感，**他们经常让别人欠他们人情，喜欢"卖乖"和"炫耀"，这就是"感恩怪"的根本行为动机。**

这类人十分常见，他们可能是你的领导、下属、朋友、家人等。下面我来跟各位分享一下应对这类人的办法。

## 感谢可以夸张些

不管对方的年龄、性别、人际关系如何，**对于所有想要**

感谢的人，都应该当即报恩。以恩人自居的人常常会说"前几天我帮你……吧？"之类的话，他们总是强调自己过去的功绩，而且一定要抢在对方前面说。

如果对方是下属或晚辈，为表感谢，你就应该当天请他们吃饭；如果对方是领导或前辈，你就要夸张地向他们表示感谢，甚至让他们"受宠若惊"。**总之，不要欠他们人情。**这样一来，"感恩怪"就不会有那么强的心理优越感了。

**如果这样也改变不了他们的话，那就只有告诉他们"这样太过分了""这样很没礼貌"。**

或许有些人根本不知道他们的行为已经伤害了他人，被你这么一说，他们或许会幡然悔悟，并痛改前非。

**如果对方是领导或长辈，其实我们很难"以下犯上"地批评他们，既然如此我们就反其道而行之，利用他们以恩人自居的心态，对他们说"多亏有你！""如果没有你，我肯定要失败"，给足他们面子（阿谀）。**因为"感恩怪"非常希望被称赞，所以再多的阿谀奉承也不会让他们感到厌烦。而当你遇到困难时，他们会比现在更积极主动地帮助你。

明天要交的报价单，我今天就给你弄好了。
还不谢谢我？

| 角色名 | 感恩怪 |
|---|---|
| 属性 | 领导、下属、朋友、家人 |
| 出没地 | 公司、家附近、家里 |
| 遭遇等级 | ☆☆☆☆☆ |
| 特技 | 感恩的心 |
| 重点 | 不要欠他们人情 |
| 攻略难易度 | ☆☆☆ |

# SNS 每天都要发摆拍照片的 "摆拍星君"

## 哪里好拍去哪里

过度依赖智能手机（社交媒体），在不觉间给他人带来麻烦的不只有前文介绍的 "空心人"，还有一类人总是拼命地在自己的账号上传文章和照片。他们在采取所有行动之前，都要先到社交媒体上找材料，且从不关心周围人的看法。

**其中最麻烦的就是为了拍出好看的照片而大费周章的 "摆拍星君"。** 如果你恰好有一位 "摆拍星君" 朋友，那你肯定有过被他牵着鼻子走的经历。

例如，在决定一起去玩的地方时，无论提出什么建议，他们都会以 "那里拍不出好照片" 为由反驳，或者如果你们要去美术馆、博物馆、历史遗迹观光，他们就又会因为当地禁止拍照而拒绝。"摆拍星君" 总是固执己见，他们认为 "拍不出好照片就没必要去那里观光"。

其中更有些自以为是的家伙，他们不仅要让我们给他们当免费的摄影师，还对我们拍的照片百般牢骚，让我们一遍遍地重拍。这群 "摆拍星君" 自我表现欲太强，给别人造成了麻烦却不自知，令人难以接受。

## 温柔一刀，割舍社交媒体

这次我提出的应对方法要根据你的感受来做相应调整。

**如果对方虽然很麻烦，但你还能原谅对方，而且你也没有受到实际伤害，那就不要说什么，继续与他相处下去吧！** "或许对他来说，拍出好看的照片，就是一项任务" ——如果你能这样想，心情也会好很多。

如果你实在不想让对方再这样下去了，那就请试着委婉地表达自己的想法。当然，**我们不能完全否定他，而是对他说 "我们要去的地方可能景色没那么好，你能接受吗？"总之，要站在对方的角度提出自己的建议。**

如果你的语气太重，质疑对方 "你拍的照片有人看吗" "你的账号真的有人关注吗"，那么你们的关系可能变差，甚至彻底闹掰。

如果对方是你最好的朋友或者对你来说很重要的人，**并且他对社交媒体的依赖程度已经接近病态，那就直接表达自己的担忧吧！** 你要让他与社交媒体保持距离，并温柔地对他说 "你是不是太沉迷社交软件了" "我真怕你上瘾"。

在 "摆拍星君" 中，有些人虽然没有意识到自己给他人带来了麻烦，却知道自己有依赖社交媒体的倾向，那么我们肯定有能力解决这个问题。

我拒绝!
那里拍不出好看的照片!

咱们去 × × 吧。

| 角色名 | 摆拍星君 |
| --- | --- |
| 属性 | 朋友 |
| 出没地 | 家附近 |
| 遭遇等级 | ☆ ☆ |
| 特技 | 锁定最佳拍摄地 |
| 重点 | 不要否定对方的想法和行动 |
| 攻略难易度 | ☆ ☆ ☆ ☆ |

# SNS 只顾表面，喜欢显摆的"美化妙手"

## 你的照片有点儿假

拥有幸福美满的家庭、甜蜜浪漫的爱情，朋友遍及四海，尝遍天下美食，走遍天南海北，参加各种有趣的活动，购买各种奢侈品……有些人总喜欢把这些事情分享给周围的人，以彰显自己的业余生活丰富多彩。以前社会上就有许多热衷于炫耀自己的人，但在社交网络普及的今天，这种人的数量激增，他们展示自己的行为也逐渐变味。

他们的行为动机非常简单，只是为了体验那份优越感（被人羡慕的感觉），归根结底，他们想要被夸赞，仅此而已。

当然，大部分情况下他们展现的都是真实的自己，**但也有不少人为了获得认可，夸大内容，粉饰自己，甚至撒谎，他们就是"美化妙手"**。尤其是在"照片墙"等需要用到场景照片的平台上，这类人更为多见。因为人人都能捕捉（拍摄）精彩瞬间和美化照片。

大家平时在社交媒体上看到的帖子，几乎都是认识的朋友或熟人发的吧？所以，判断出照片的真假也就能判断出这位朋友是不是"美化妙手"了。

"他不可能有那么多钱""身材和脸完全对不上"，看到他们造假，我们难免感到心烦。

## 为什么我们会烦躁

"美化妙手"只是喜欢展示外在的光鲜，他们并不是在做坏事，也不想加害于谁。只要他们发布的不是明显对人怀有敌意的内容，或者只是随手发一条动态，我们就没有必要纠缠，只要放任不管就可以了。

**不看！**这就是最好的应对方法。当然我们也可以屏蔽他们的动态，或者取消关注。不管怎样，问题很容易解决。

那么为什么我还要特意讲这群人呢？因为读者朋友们可以利用他们观察自己内心的状态。**消除郁闷和烦躁固然重要，但思考为什么会产生这种情绪也很重要。**如果你的内心充满活力，也许就能轻松地看待他们的行为，觉得"他为了炫耀，也很努力啊""这种性格也挺可爱"。

若是我们的情绪发生了变化，那就有可能是因为睡眠时间不足、身体疲劳，或遇到了不愉快的事情而变得消极。只有注意到这一点，你才能冷静下来，找回豁达的心态。

| 角色名 | 美化妙手 |
|---|---|
| 属性 | 朋友、熟人 |
| 出没地 | 网上 |
| 遭遇等级 | ☆ ☆ ☆ ☆ |
| 特技 | 美拍秀 |
| 重点 | 问题不只在对方身上 |
| 攻略难易度 | ☆ |

# 结语

我们要努力接纳所有人。

让麻烦的人变成"可爱的卡通人物"。

如果你想要构筑理想的人际关系，进而创造一个没有麻烦的人的完美世界，就一定要有这样的心态。

再讨厌的人也有善良的一面。

他人也有你不具备的优点。

与人相处贵在取长补短。只有这样你才能发现你从未关注到的侧面，此后你对他的看法和你和他的相处方式也会发生改变。

特别是当眼前的"烦人精"恰恰是你的配偶（伴侣）、父母、孩子等亲人的话，你们当然不会轻易断绝关系，所以你才必须学会与其打交道的方法。如果你回到家反而感到痛苦，那么这种生活方式本身就是不健康的。

我曾诊疗、医治过的一位 20 多岁的女大学生 C，她就遭遇过这样的烦恼。

"在我小的时候，爸妈就离婚了，是妈妈一个人把我拉扯大的。她从来不给我自由，不让我做想做的事，我到点儿必须回家。她还给我报了很多补习班，就连大学志愿也不能按照我自己的想法填报。我本想上了大学就自由了，但直到现在我都不敢跟她顶嘴，我真是太痛苦了！"

但是，随着交流的深入，我开始觉得 C 似乎有些太固执了。

从客观的角度来看，按时回家其实也不算太过分的规定。

关于大学志愿，也不是母亲单方面决定的，只是因为她没有表达自己的想法，直接报考了母亲推荐的大学。

无论怎么想，这位母亲都不是一个严格、强加于人、不会通融的人。

真正的问题是亲子间的沟通不够。

我做出了这个判断之后便让她再详细说说自己的母亲。

"也许她还没准备好做单亲妈妈，怕自己不能培养好孩子，所以才对你管束那么严格吧？"

我觉得她的母亲其实是一位发自内心体谅自己孩子，倾注了满满爱心的慈母。我把自己的想法告诉了 C，劝她们母女俩好好聊聊。

后来，C 理解并接受了母亲的想法，她们的关系得到了改善。这一瞬间，世界上少了一个麻烦的人，而一对相互体谅的母女诞生了。

这是一个很好的例子，它告诉我们只要理解对方的心理，改变看待事物的方式，麻烦的人就会变得可爱。各位只要稍微改变一下想法，肯定也能实现同样的目标！

最后，我衷心希望本书能帮助各位建设一个没有麻烦的人的完美世界!

**心理医生** Sidow

## 沟通系列

三秒勾出心里话

关键表达：引爆销量的
创意策划案

精准传达：完美沟通的
6种技能

学会说话：人际沟通力
提升法则

危机沟通：危机下的管
理、应对与复原力构建

演讲的艺术：8个秘诀
消除恐惧

谈判

双赢谈判

## 心理自助

松弛感：用丰盈法摆脱
自我内耗

停止讨好别人

为什么我们会生气

可是我还是会在意：摆脱
自我意识过剩的 8 种方法

爱的勇气：阿德勒的幸福
哲学

情绪说明书：解锁内在情
绪力量

再见，自卑：克服自我怀
疑的十个即时策略

拥抱与众不同的你：高敏
感者的超能力

# 推荐阅读 | 中科书院

## 畅销经典

活在当下的勇气

解压笔记本

了不起的学习者

不累：超简单的精力
管理课

高敏感人士的幸福清单

别太着急啦